ズルい奴ほど成功する!

心理学者
内藤誼人

ズルい奴ほど成功する!!

心理学者
内藤誼人

ずる・い【狡い】

自分の利益のために他人を騙したり、出し抜いたりするようす。あくどい、えげつない、抜け目ない、きたない。決してホメ言葉ではない。でも、成功した人はみんな知っている。人生は後出しジャンケンだ、と。

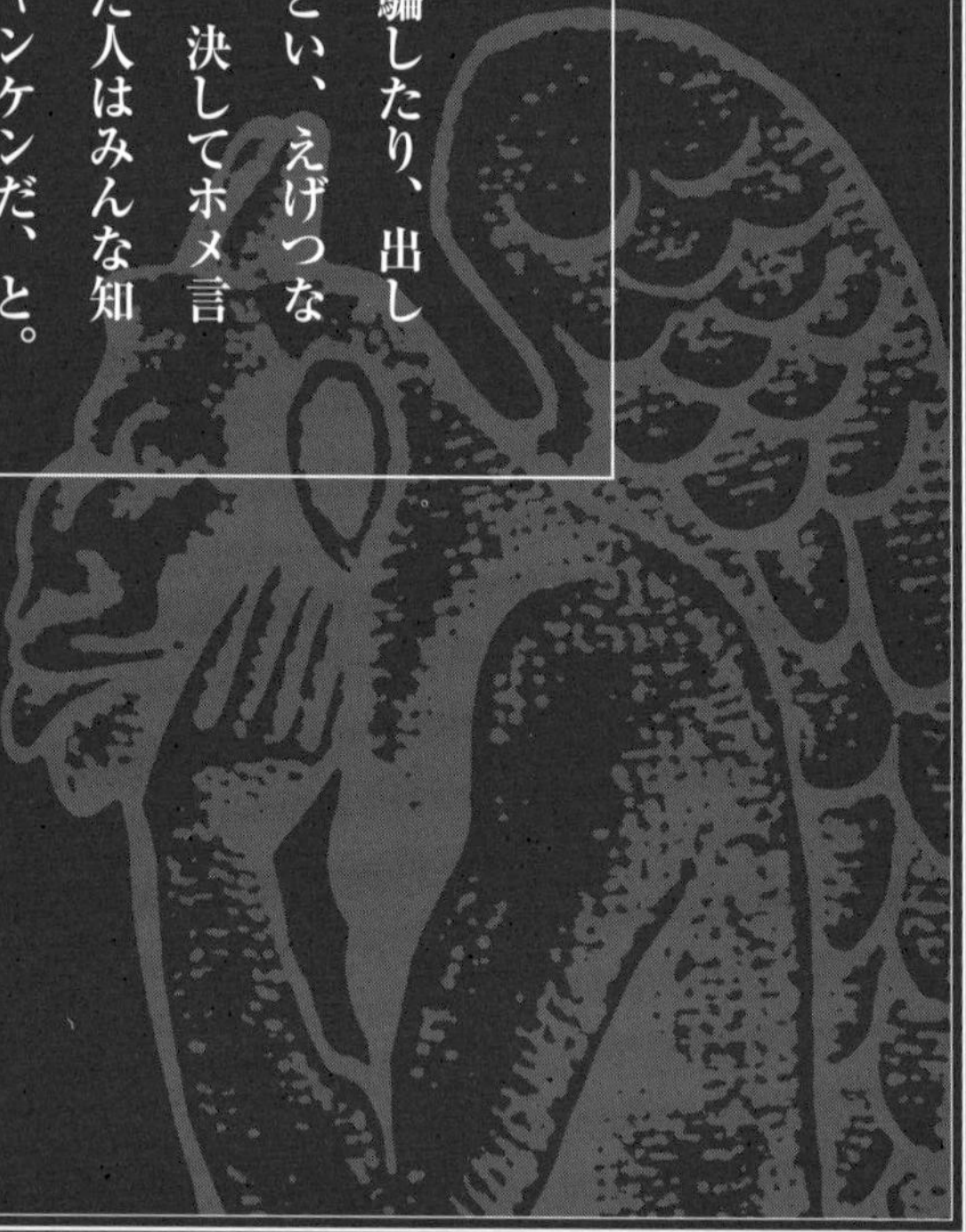

はじめに

本書のテーマは「ズルい人」である。

・ズルい人になって、激動の大不況時代を生き抜く。
・ズルい人になって、他者を出し抜く。
・ズルい人になって、社内でうまく立ち回る。
・ズルい人になって、おいしいところを全部持っていく。

それが本書の目的だ。

もちろん、さまざまな異論があるだろうことは十分に承知している。

単純に「ズルい」という言葉への拒否反応を持つ人は多いはずだし、ズルさよりも本物の実力を身につけたいと考える人もいるだろう。やはり、正々堂々と正攻法で勝負するべきだ、それこそが実力というものだ、といった意見である。

しかし、筆者から心理学者としての意見を述べさせていただこう。

中途半端に正直者であろうとしてはいけない。

世の中なんて、しょせん「正直者がバカを見る」ようにできているのだ、と。

なぜ正直者はバカを見るのか?

答えは簡単だ。

正直者とは、文字通りおめでたいバカなのだ。

だからこそ「バカ正直」という言葉があり、反対に「ズル賢い」という言葉もある。

ズルさとは賢さの証明であり、すなわち社会的知性の証明なのである。

別に筆者は、いたずらに刺激的な話をしているのではない。

ズルさが社会的知性の証明だというのは心理学的に広く認められた考えであり、これを心理学では「マキャベリ的知性」と呼ぶ。

念のため補足しておくと、マキャベリとは『君主論』などの著作で知られるルネサンス期のイタリアで活躍した政治思想家である。

人間はズルいから自然界のトップになれたのだ！

世間一般のつまらない道徳を否定し、「目的のためには手段を選ぶべきでない」とする彼のリアリズム的な思想は、当時のメディチ家のみならず、現在に至るまで数多くの権力者に多大な影響を与えてきた。

どうして正直さよりも「マキャベリ的知性」が大切になるのか、わかりやすい例で考えていこう。

自然界のトップに君臨する人間は、「霊長類」の名のとおり、万物の霊長（もっとも優れたリーダー）だとされている。

しかし、人間はゾウのような巨大な体も持っていないし、虎やライオンのような鋭い牙も持っていない。もちろん、鳥のように大空を自由に飛び回る翼も持っていない。とりたてて足が速いわけでもなく、柔らかな皮膚と扁平な歯、もろく丸みを帯びた爪しか持たない弱者である。

ただ、人間にはひとつだけ武器があった。知性である。

肉体的には他の生物に大きく劣りながらも、そのずば抜けた知性を武器として自然界の過酷な競争を生き抜き、ついには万物の霊長として君臨するに至った。

そして知性とは、「ズルい」ものなのだ。

自分の肉体ひとつで勝負する動物たちからしてみると、槍や弓、仕掛け罠から猟銃までを使う人間の狩猟法は、とてつもなく「ズルい」やり方に違いない。ズルさと知性は、ほとんどイコールで結ばれるのである。

さて、以上のことを踏まえた上で現実の人間社会を見渡してみよう。

ビジネスからプライベートまで、われわれの社会は競争原理によって動いている。自然界と同じく、弱い者は強い者たちから食い物にされるのが社会の常だ。

特に年功序列も終身雇用もなくなった現在、その傾向はさらに強まっている。

格差社会、倒産、リストラ、派遣切り、新卒者の内定取り消しなど、耳に入ってくるニュースといえば「強者」と「弱者」の過酷な現実に関するものばかりだ。

バカ正直な人間が受け入れてもらえる時代は、もう終わった。

ズルさをネガティブにとらえることは、もうやめよう。**この激動の時代を生き残るのは、「ズルい人間」、すなわちマキャベリ的知性を持った人間だけなのである。**

その意味で本書を読んでほしいのは、現在ガンガン結果を出しまくっている社会的強者ではない。

筆者としては、次のような読者に読んでほしいと考えている。

- **がんばりが認められない**
- **いつも損してばかりいる気がする**
- **お人好しで、貧乏くじばかり引いてしまう**
- **肝心なところで負けてしまう**
- **なぜか人の言いなりになってしまう**

もし、あなたがこれらの悩みを抱えているとしたら、それはマキャベリ的知性が足

目的のためなら手段を選ばない、マキャベリに学べ！

りていないのだ。ズルさが欠落しているのだ。バカ正直に、なんでも正面からぶつかっているのだ。

　特に、学生時代に「優等生」だった人は要注意だ。

　学校では、さまざまな知識を教えてくれる。道徳的価値観も叩き込まれる。

　しかし学校では、肝心の「マキャベリ的知性」について、なにひとつとして教えてくれない。だから「優等生」は社会に出たときに面食らうし、伸び悩んでしまうのだ。

　本書では、社会を生き抜くために必要なマキャベリ的知性を、存分に紹介していこう。**学校では教えてくれない、そして社会に出ても誰ひとりとして教えてくれない、本当に役立つ「生きる技術」である。**

つまらない道徳を捨て、ズルさこそが知性なのだと理解したとき、あなたの人生は劇的に好転していくはずだ。

そしてきっと、こう思うだろう。

「弱肉強食も悪くないな」と。

そう、まるでマキャベリのように。

2009年　7月　内藤誼人

CONTENTS【目次】

1章

ズルさとは知性である
戦略とは汚いものである

2章

いかさま営業術 したたか交渉術

3章

だましの暗示術
腹黒ハッタリ術

4章

抜け目ない立ち回り術
タヌキ親父の処世術

5章

まやかしの自己演出
えげつない舞台演出

1章

ズルさとは知性である
戦略とは汚いものである

ほかの誰かを
えらくする原因をこしらえる人は、
自滅する。

『新訳 君主論』より

人一倍ズルい人になるためのコツ

・善人ぶっていては、これからの時代を生き抜くことなどできない。
みんなで仲良く成長していく時代は終わったのである。

・好かれようとするほど嫌われてしまう。
好かれたければ、普段はあえて嫌なヤツを演じるくらいがちょうどいい。

・仕事も人生も「勝てば官軍」である。
本業で結果を出していれば、人格も品格もいっさい関係なくなる。

・仕事は「自己研鑽《けんさん》のため」でも「社会貢献のため」でもない。
あくまでも「カネのため」という意識で臨め。
それがゴールへの最短ルートなのだ。

・まずは会社の中で「その他大勢」から抜け出すことだ。
自分にスポットライトを当て、注目という名のカメラを向けさせろ。

・反省も後悔もするな。
過去はすべて忘れて前だけを見て進め。
過去を振り返るほど自分が嫌になって進めなくなってしまう。

・他者の評価など気にするな。
気にするほどスピードが鈍くなり、結果として評価を引き下げる負のスパイラルが待っている。

善人では生き残れない！

世の中を勝ち抜いていくには「ズルさ＝マキャベリ的知性」が必要だ、というメッセージが本書の出発点である。

しかし、読者のなかには次のような疑問を抱く人も多いだろう。

「大きな成功をおさめている人ほど、立派な人徳を兼ね備えているものだ」

「卑怯な手を使うのは小物で、大物は堂々と正攻法で臨むものだ」

たしかに、これは間違っていない。

もし、現在のあなたが地位も名声も極めた名家の生まれで、すでにとてつもない大富豪だというのなら、別にズルい人になる必要はない。これはゾウやライオンに並外れた知性など必要ないのと同じである。

ズルさとは、自然界での人間がそうであるように、あくまでも「持たざる者」に与えられた武器なのだ。もっと平たく言えば、われわれは弱いからこそ、ズルさというマキャベリ的知性が必要なのである。

その意味でいうと、大きな成功をおさめている人が立派な人格者だというのは正しい。

ただし、彼らは**「人格者だから大きな成功をおさめた」のではない。彼らは「大きな成功をおさめたから人格者になれた」だけなのである。**この順番は決して逆ではない。

特に会社の創業者などは、会社を立ち上げ、大きくしていく段階ではかなり危ない橋を渡っているし、マキャベリ的な、極悪とも言われかねない知性を存分に発揮してきたはずである。口当たりのいい理想論を唱えるのは、そのあとなのだ。

実際、マキャベリの『君主論』も弱さから生まれている。

当時のイタリアは小国が乱立し、諸外国からの圧力に苦しんでいた。

そこで、どんな君主ならイタリア半島の統一を成し遂げ、諸外国に対抗できるかを説いた書が『君主論』だったのである。もし、当時のイタリア（またはマキャベリの故郷であるフィレンツェ）が世界に冠たる強国だったとしたら、『君主論』は生まれなかっただろうし、生まれたにしてもまったく違った内容になっていたことだろう。

ここでひとつ、マキャベリ的知性に関するデータを紹介しよう。

チャールストン・カレッジの心理学者、アブドゥール・アジズがおこなった実験だ。

実験の対象となったのは、証券会社で活躍するトレーダーである。

アジズは、彼らにマキャベリ的知性の度合いを測定する心理テストをおこなってもらい、テスト結果とトレーダーとしての能力を比較してみた。

すると、マキャベリ的知性が高い人ほど、実際の仕事でも高い能力を発揮（具体的には売上げ）していることがわかったのである。

要するに、ズルい人ほど仕事ができるし、ズルさの足りない人ほど仕事ができない、ということなのだ。


さて、もうおわかりだろう。

現在あなたが「善人」や「正直者」であろうとしているなら、それは大きな間違いである。

善人とは、あくまでも「持てる者」や「富める者」がとるべき戦略であって、これから成功の果実をつかもうとしている成長途上の人は、まったく該当しない。

もっとも、かつての日本は違った。

高度成長期からバブル期にかけて、日本人は愚直に働く善人であればそれでよかった。国の経済全体が右肩上がりで伸びていたし、年功序列制と終身雇用制によって会社が個人を守ってくれていたからである。わざわざ誰かを出し抜かなくても、みんなで一緒に成長していけたのだ。

しかし、状況は180度変わった。

もはや会社はあなたのことなど守ってくれないし、高度成長期のように「みんな一緒に成長する」ことなど、もう二度とできない。実力主義の大競争時代とは、そういうことなのだ。

ここに気づいた人は、もう始めている。

ためらっている場合ではない。あなたに必要なのは、「ズルさ」という名のマキャベリ的知性なのである。

人に嫌われることを恐れるな！

お人好しとされる人たちの多くは、別に根っからの善人というわけではない。

彼らが他者に優しくするのは、第一に「嫌われたくないから」である。

嫌われることを恐れるあまり、つい必要以上に優しさを見せ、人の言いなりになり、

ときに利用され、だまされるのである。

それでは、われわれは過剰な優しさを見せないと人から嫌われてしまうのだろうか？

会社やプライベートでうまく立ち回るためには、自分を犠牲にしてでも、他者のために尽くすべきなのだろうか？

そんなことはない。

むしろ、普段は多少わがままなくらいでいたほうが、より大きく好かれるのである。

オランダにあるレイデン大学の心理学者、ルース・フォンクの研究によると、人間の心は次のような傾向がある。

「普段から親切な人が、ちょっと冷たい態度をとると、大きく嫌われる」

「普段から冷たい人が、ちょっと親切な態度をとると、大きく好かれる」

これは専門的に「コントラスト効果」として知られるもので、人心掌握における基本中の基本である。

たとえば、あなたとAさんが友達だとしよう。そしてAさんが、いつもあなたに親切に接しているとしよう。

きっとあなたも最初は「Aさんっていいヤツだな」と嬉しく思うだろう。

しかし、この喜びには飽きがくる。Aさんがどれだけ優しく接しても、もうそれを当たり前のこととして受けとめる。他者からの恩恵に、鈍感になってしまうのだ。

そしてAさんが少しでも冷たい態度をとると、あなたは激怒する。普段とのギャップが大きいため、それだけショックも大きくなるのだ。

好かれようとして他者に優しくするのは、自分で自分のハードルを上げ、自分で自分の首を絞めるのと同じ行為なのである。そもそも、いい人であろうとするには、相当な労力が必要になるので、知らず知らずのうちにストレスがたまって身も心もボロボロになっていくだけだろう。

事実、マキャベリも『君主論』のなかでこう述べている。

「人間というものは、危害を加えられると信じた人から恩恵を受けると、恩恵を与えてくれた人に、ふつう以上に恩義を感じるものだ」

つまり、恐れている人（危害を加えられると信じた人）から優しくされる（恩恵を受ける）と、普通以上に嬉しく感じ、その人のことを好きになってしまうのだ。

では、普段からわがままにふるまって、他者から嫌われることはないのか？

これは「大丈夫だ」と断言できる。

もともと、世の中には100％の善人もいないし、100％の悪人もいないものである。あなたにだって善人的な部分と悪人的な部分があるはずだ。

そのため、あなたがかなりの覚悟を持って「悪人になるぞ！」とふるまったしても、どうしても100％の悪人にはなりきれない。つい、「人のよさ」が出てしまうのだ。

だったら、普段からある程度わがままにふるまうよう、心掛けておいたほうがいいだろう。いつもはわがままにふるまっておきながら、ときおりチラッと「人のよさ」を見せてやるのだ。

この「人のよさ」は自分で意識しなくても、勝手に出てしまうものなので難しく考える必要はない。

もちろん、戦略として「善人」を演じるべき場面もあるだろう。しかし、普段からずっと善人でいる必要はないし、むしろそれは逆効果なのである。


これは、恋愛でも同じだ。

一般的にいって、いつも優しいだけの男よりも、普段はぶっきらぼうだが「ふとした瞬間に優しさを見せる男」のほうがモテるものだ。女の子に貢がせるヒモ男などは、この典型的な例だろう。

「どうして自分はいつも優しくしてるのにモテないんだ！」

「なんであんなにひどい男のほうがモテるんだ！」

もしも、あなたがそう考えているとしたら、答えはひとつしかない。

あなたは「いつも優しい」から、モテないのだ。その優しさに女の子たちは飽き飽きしているのである。

手段や人格はどうでもいい！「勝てば官軍」である

われわれは常に他者からの評価にさらされている。

特に仕事の場面はこれが顕著で、評価によって出世も決まれば給料も決まる。もちろんリストラ対象になるかどうかも、評価次第だ。

そして自分の評価を下げないため、善人ぶってみたり、やりたくもない仕事を引き受けたり、お人好しとなっていろいろ苦労するわけである。

しかし、仕事を「プロ」という視点で考えてみよう。

たとえばプロ野球選手がいい例だ。

人がよくて、お世辞がうまくて、みんなから愛される好人物だったとして、それで彼はレギュラーとして活躍できるのだろうか？

答えはＮＯである。

プロ野球選手の評価は、あくまでもバッティングやピッチングの能力で決まる。ホームランが打てるか、打率３割をキープできるか、三振を奪えるか、１５０キロの速球を投げられるか。……これが評価の基準である。

逆に言うと、**毎年しっかり50本のホームランを打てるなら、性格や品性なんてどうでもいいのがプロ野球の世界なのだ。**

だから、話し方スクールやマナー教室に通うプロ野球選手など、ひとりもいない。そんなものを学んでも、プロ野球選手としての評価にはいっさい関係ないことがわかっているからだ。そんなことをしているヒマがあったら、素振りの１００回でもやったほうがはるかにマシだからだ。

さて、筆者はなにも特別な世界の話をしているわけではない。これはあなた自身の仕事についても、まったく同じことが言えるのだ。

あなたの仕事にも、きっと野球のバッティングやピッチングに該当する部分、仕事の核となる部分があるはずだ。

営業マンなら交渉テクニックや商品知識、ＳＥであればプログラミングなどの専門スキル、経理だったら複式簿記などがそれに該当するのだろうし、接客業では対人スキルが重要になってくる。

だったらつべこべ言わず、この核となる部分のスキルを磨いていくことだ。

社内でいい人を演じる必要なんかないし、つまらない自己啓発セミナーや話し方スクールに通っている場合ではないのである。

ちょうどいいデータがあるので紹介しよう。

カリフォルニア大学の心理学者、ドナルド・マッキノンの実験だ。

実験では、まず124名の建築家を集め、それぞれの作品（建築物）をもとに成功の度合いを点数化していく。評価の高い作品をたくさんつくっているほど、成功していると考えるわけだ。

そして彼らに心理テストを実施して、成功度の高い人に共通する性格を調べていった。

結果は驚くべきものだった。

なんと、成功者に共通する性格は「社交性がない」「我慢できない」「責任感に欠ける」など、人格的にはめちゃくちゃなものばかりだったのである。

ここからわかるのは、少なくとも創造性と性格とはまったく関係がないこと。そしておそらく実務能力と性格の関係も薄いということである。

ご存じの方も多いだろうが、会社経営の世界では数年前から「コアコンピタンス戦略」という言葉が語られている。

これは自社の強み（核となる部分）に経営資源を集中させ、不得意分野や不採算部門は外部に任せてしまおう、という考え方である。

もちろん、あなた自身も同じだ。

注ぎ込む労力のすべてを仕事の核となる部分に集中させ、自分の本務で結果を残す。そうすれば「勝てば官軍」で誰も文句を言わなくなるし、わがままだって聞いてもらえるようになって、自由度が増えていく。もちろん、仕事はもっと楽しくなる。

自分の本務はどこにあるのか、もう一度考えなおしてみよう。

世の中はカネだ！

西洋には「悪魔の話をしていると、悪魔がやってくる」ということわざがある。

怖いことを考えると本当に怖くなってくる、悪いことを考えていると本当に悪いことが起こる、といった意味のことわざだ。

そこで筆者はこう言いたい。

「お金の話をしていると、お金が向こうからやってくる」と。

おまじないレベルの話に思われるかもしれないが、これは「ピグマリオン効果」として心理学的にも認められた働きなのだ。

ピグマリオン効果とは、自分が強く信じたり意識したりしたことは、ほんとうにそのとおりになっていく、という効果である。

たとえば現在、世界の金融業を支配しているのはユダヤ人だと言われている。彼らがお金の達人として活躍している理由は簡単だ。

中世の時代、キリスト教では他人にお金を貸して利子を得ることが禁止されていた。これは、お金が不浄なものだと考えられていたためである。

一方、ユダヤ教ではお金を汚いものとは考えなかった。そして当時のヨーロッパではユダヤ人が職人に弟子入りすることが禁じられていたこともあり、彼らは積極的に金融業へと乗り出すことになる。

その結果、お金の運用に関するノウハウはユダヤ人たちのあいだで子々孫々と受け継がれ、現在に至っているのである。

やや話が脱線してしまったが、要は「お金は汚いものだ」などと思わないことだ。

お金にキレイも汚いもない。金は金なのだ。

ひとつ、金銭欲について面白いデータを紹介しよう。

ペンシルベニア州立大学の心理学者、マーガレット・メロイは108名の学生を対象に興味深い実験をおこなっている。

実験では、まず学生たちを2グループに分け、さまざまなホテルとレストランを紹介したプロフィール文を配布する。

そしてこのプロフィール文を参考に、それぞれのホテルやレストランに点数をつけてもらう。ちょうど、ガイドブックの三つ星や五つ星をつけるような作業だ。

このとき、一方のグループには「正しい点数をつけられたらお金がもらえる」という金銭欲を刺激する条件を与えた。もう一方のグループは、正しい答えを出しても、お金はもらえない条件である。

その結果、金銭欲を刺激されたグループでは平均7・1分間かけてじっくり判断したのに対して、もう一方のグループでは平均5分間で判断を下してしまった。

金銭欲というと、いかにも意地汚い話のように思われがちだ。

しかし、それは完全な誤解である。メロイの実験からもわかるように、われわれはお金という動機付けがあってこそ懸命になって働く。お金を意識できなければ、平気で手を抜いてしまうのだ。**いいパフォーマンスを発揮したければ、お金をモチベーションにするのがいちばんなのである。**

だから「自己研鑽のため」とか「社会貢献のため」といった目的意識で仕事をしても、モチベーションは上がらないし、実際いい仕事もできない。そしてなにより、そんな人のところにはお金が集まってこないのだ。

照れる必要はない。大きな声で「世の中カネだ！」と言ってみよう。

まずは「その他大勢」から抜け出せ！

テレビのバラエティ番組を見ていると、「ひな壇」に並ぶ若手のお笑い芸人たちは、とにかく大きな声でリアクションをとり、前へ前へと出ようとする。きっと、多くの視聴者は「この若手は元気がいいな」とか「なんだかうるさい若手だな」といった感想を抱くのだろう。

しかし、心理学のメガネで見るとまったく違った光景が広がっている。

別に彼らは元気がいいわけではない。礼儀を知らないわけでもない。そして意外かもしれないが、面白いことを言って爆笑を誘いたいのでもない。

彼らはただ「カメラを向けてほしい」のである。

カメラを自分に向け、フレームの真ん中に自分が映されること。ウケるとかウケないとかいう以前に、テレビタレントのすべてはそこから始まる。だから若手の彼らは大きな声を出すのだし、前へ前へと身を乗り出してくるのだ。そうでもしないとカメラを向けてもらえないからである。

逆に言うと、どんなに面白いネタをやったとしても、肝心のカメラがこちらを向いてくれなければ、お茶の間には届かないのである。

これは会社の中でもまったく同じことが言える。

会社の中におけるカメラは、上司の目だ。

あなたがどれだけ一生懸命にがんばっていようと、そのがんばりが上司の視界に入っていなければ、なんの意味もない。

大人しくて気の弱い人がいまいち評価されないのは、まさに「フレームに入っていない」ためだ。ポジション取りが甘く、自分にカメラを向けさせる術を知らないから、どうしても「その他大勢」になってしまうのである。

この集団内でのポジション取りについて、ひとつデータを紹介しよう。

ネバダ大学の心理学者、ダニエル・ジャクソンは、コンピュータ上でオフィスの座席表を作成し、被験者たちに「どの席に座っている人がもっともリーダーらしいか」を尋ねる実験をおこなった。

その結果、全体の約70％が、いわゆる「お誕生日席」（列の端から全体を見渡せる、上座の位置にある席）に座っている人を「リーダーらしい」と答えたという。

これについては多くの人が納得するだろう。

実際、大部屋型の日本のオフィスでは、管理職がここに座り、部下たちの働きぶりに目を光らせていることが多いものである。

しかし、オフィスの中で部長や課長がここに座っているとすれば、あなたはどうやって「その他大勢」から抜け出せばいいのだろうか？

筆者のオススメは宴会など、酒の席である。

もちろん、上座であるお誕生日席に座るのは上司だ。そこであなたが座るべき席は、出入り口近くのいちばん下座となる。

ここに座っていると、トイレに行く人みんながあなたの顔を見ることになる。注文を頼むときも、みんながあなたに注目する。

そしてトイレに行く上司や先輩たちに「このお店、いいですね」でも「そろそろお茶漬けでも頼みましょうか？」でも、言葉はなんでもいいから声をかける。彼らの意識のなかに、あなたの存在をフレームインさせるのだ。そうすれば上司も、なんとなく「あいつはなかなか気が利くな」「細かいところにまで目が行き届いた、いいやつだ」という印象を抱くはずだ。

その他、カラオケでは必ずいちばん最初に歌うとか、みんなで入った喫茶店でひとりだけクリームソーダを注文してみるとか、変わった名刺ケースを使ってみるとか、カメラを自分に向けさせる方法はたくさんあるはずだ。

いきなり目立つのは恥ずかしいかもしれないが、「カメラを向ける」という意識でいれば抵抗も少なくなるだろう。

大人しく座っているだけでは、単なる風景としか見なされないのである。

成功する人はルールや決まりを守らない

よく知られているように、鎌倉時代にモンゴル（元）の大軍が襲来してきた元寇では、日本の武士たちは大いに困惑したという。

当時の武士は、互いの名前を名乗り上げてから一騎討ちするというのが暗黙のルールだったのに、モンゴルの兵士たちは名乗りを上げるどころか、集団戦で毒矢や鉄火砲を使ってきたのである。

日本の武士にとって、この戦法は考えられないくらいに卑怯で「ズルい」ものだっただろう。おかげで日本軍は大変な損害を被ることになる。

しかし、この元軍を打ち破るきっかけになったのが暴風雨（神風）であったというのも、なんとも「ズルい」話である。

あるいは、**織田信長もかなり「ズルい」武将だ。**

今川義元の大軍を打ち破った桶狭間の戦いなどは典型的な奇襲戦だし、火縄銃を大量に持ち込んだ長篠の戦いも当時の常識から考えれば相当「ズルい」戦法である。

そして信長に謀反を起こした明智光秀も、本能寺の変という「ズルい」奇襲戦によって三日天下を実現している。

西洋に目を向けても事情は同じで、たとえば**ナポレオンも大砲と機動力を組み合わせ、挟み撃ちや追撃戦を得意とする「ズルい」戦法で有名だ。**

また、ヒトラー率いるドイツ軍も、戦車を中心とする機甲師団をいち早く導入するなど、時代に先駆けた「ズルい」戦法で領土を拡大していった。

……わざわざこんな例を挙げたのは他でもない。

一般に偉人や天才扱いされている人たちは、その大半が「ズルさ」を持って名を成していったのだ。

そしてこの「ズルさ」には、ひとつの共通項が隠されている。

そのヒントを与えてくれるデータを紹介しよう。ハーバード大学の心理学者、テラサ・アマビルによる実験である。

対象となったのは３０００名のビジネスマン。実験では、まず彼らに創造力の度合いを調べるテストを受けてもらう。その上で、彼らが普段どのような態度で仕事に臨んでいるか調べてみた。

すると面白いことに、創造力の高い人には次のような傾向が見られた。

・自分の好きなように仕事をする
・決め事を守らない
・会社で禁止されていることも、こっそりとやる

要するに、創造力あふれる人たちは、常識や既成のルールに縛られず、他者と違ったことをやるから、仕事も人生もうまくいくのだ。

この考え方は、先に挙げた歴史上の人物たちの戦法とピッタリ一致していることがわかるだろう。

現在の世界的な金融不況を、戦国時代になぞらえる人は多い。

このとき、いつまでもバカ正直に「やあやあ我こそは〜」と名乗りを上げて一騎討ちを挑むのか。それとも矢でも鉄砲でも使える武器はなんでも使っていくのか。

マキャベリ的知性を持った人なら、迷わず後者を選ぶはずである。

他者と違った道を選ぶことに躊躇してはならない。

誰かから「そんなの、ズルいじゃないか」と言われたら、それはあなたの選んだ道が正しく、周囲を出し抜いた証拠なのだ。

反省も後悔もするな、過去は忘れろ！

「何事も初心忘るべからずだ！」

「失敗は成功の母だ。自分の失敗を見つめなおせ！」

「入社当時の新鮮な気持ちを思い出せ！」

こうしたお説教は、よく耳にするものである。そしてそれぞれ一理あり、なるほどと思わされる点も多い。

しかし、もしあなたが自分に自信を持てず悩んでいるとしたら、これらのお説教はすべて無視することだ。

反省も後悔もいらない。初心だって忘れてかまわない。いっそ過去のことなど、なにも考えないほうがいいくらいだ。

なぜなら、人間は過去のことを考えるほど、自己評価が低くなってしまうからである。


データから紹介しよう。バージニア・コモンウェルス大学の心理学者、ジェフリー・グリーンによる実験である。

グリーンは、被験者を2つのグループに分け、それぞれに「過去の自分」と「未来の自分」についていろいろと考えさせた。

そしてたっぷり考えてもらったあと、今度は「現在の自分」についてどう思っているか、自己評価を測定するテストをおこなった。

すると、事前に「過去の自分」について考えていた人たちの自己評価の平均が64点だったのに対して、事前に「未来の自分」について考えていた人たちは、平均76・39点だったのである（100点満点）。

つまり、われわれは過去のことを考えるほど自己評価が低くなり、未来のことを考

えているると自己評価も高まっていくのである。

こうした自分の過去に縛られる現象のことを、グリーンは「過去の亡霊現象」と名付けている。まさに自分の過去は亡霊のようにあなたを苦しめるのだ。

また別の研究では、過去のことをくよくよ考える過去志向の人は、優柔不断になりやすいというデータも出ている。

というのも、過去のことをくよくよ考えるということは、それだけ過去の失敗に対して敏感になっていることを意味する。

「あのとき、ああすればよかった」
「いや、こうすれば失敗せずに済んだ」
「もっとこうしておけばよかった」

こんなふうに自分が過去に下した決定を悔やんでばかりいると、目の前の出来事についても二の足を踏むようになり、結果としていつまでも決められない優柔不断な人間になってしまうのである。

一方、未来志向の人はくよくよ悩まない。

仮に失敗したとしても、いつも未来に目を向けているため失敗を引きずらないのである。そしてなにより、未来志向の人はいい意味で忘れっぽい。とんでもない失敗があっても、せいぜい3日もすればケロッとした顔で復活できる。だからズルズル自己評価を引き下げるようなことにはならないし、常に自信を持って新しいことにチャレンジできる。

もちろん、真摯な反省によって得られる気づきなどはあるだろう。初心忘るべからずという月並みな言葉も、経験と年齢を重ねるほどその意味が理解できてくるものだ。

しかし、過去の自分を直視しても平気でいられるのは一部の天才だけだ。われわれ一般人は、過去を振り返ってもロクなことにならない。自己嫌悪に陥り、気分が暗くなるだけである。

反省も後悔も横に置いて、もっと楽しい未来のことを考えよう。

好かれておきたい相手には極力会うな！

ズルい人とは、基本的にウソつきだ。

少しでも自分をよく見せようと演技をしているし、いろんなことをごまかしている。もちろん、その作業こそがマキャベリ的知性なのだが、注意しないとメッキが剥げて相手から幻滅されてしまうことも少なくない。

だから筆者は「出不精」になることをおすすめする。**自分のボロが出ないよう、あまり人に会わずにせいぜい電話やメールで用件を済ます。そして出不精で、もう半年も1年も会っていない相手や取り引き先からの評価を高めていく。**

というのも、われわれは滅多に会わない人に対して、理想化した幻想を抱いてしまうところがあるのだ。

オハイオ州立大学の心理学者、ローラ・スタフォードは、われわれが相手に抱く幻想について、次のような実験をおこなっている。

実験の対象となったのは、現在遠距離恋愛中のカップル58組と、過去に遠距離だったが現在は近くに住んでいるカップル64組。

スタフォードが両者の恋愛傾向を比較したところ、遠距離恋愛中のカップルのほうが相手のことを「理想化」する度合いが20％高かった。具体的には、相手のいいところばかりを思い出したり、自分たちは共通点が多くて相性がいいんだと思い込む、といった傾向が強かったという。

さらに面白いことに、遠距離恋愛が終わったカップルが近くに住むようになると、互いを理想化できなくなるため、3ヵ月以内に別れてしまうことがわかった。遠くにいたから見ることのできた夢から醒めてしまったのだ。

ここからわかるのは、われわれは一度好印象を植えつけることができれば、あとはなるべく会わないほうがいい、ということだ。会わなければ相手は自分のことを理想化してくれるし、メッキが剥げる心配もないのである。

だから、**とにかく最初の1~2回に全力を尽くそう。**

1~2回であればボロが出る心配も少ない。そして好印象を植えつけたら、あとは電話やメールで連絡を取り合う程度に抑え、あまり会わないことだ。

そうすれば、ちょうど預金の利息が増えていくように、あなたに対する理想化の度合いが高まっていくのである。

ズルい人は、なにもせずとも自分の評価を高めることができるのだ。

ジンクスで自分をダマせ

相手をダマすだけでは、まだまだマキャベリ的なズル賢い人とは言えない。

相手だけでなく、自分自身をダマせるようになってこそ、成功するのだ。

自分をダマすとは、すなわち自己暗示である。

われわれは自分の性格を変えることは難しい。しかし、自分に暗示をかけることは簡単だ。**たとえ気の弱い人であっても、ほんのちょっとした暗示テクニックを使うだけで、いくらでも改善することができるのだ。**


わかりやすい例を紹介しよう。

オランダにあるエラスミス大学の心理学者、マイケラ・シッパーズは次のような調査をおこなっている。

調査対象となったのは、オランダ国内で活躍するサッカー、バレー、ホッケーのエース級の選手197名。

この**選手たちに、試合前になんらかのジンクスや迷信行動をとっているか尋ねたところ、全体の80・3％がおこなっていることがわかった。**

そして1人平均では約2・6個のジンクスを持っており、それを試合前にやっているというのである。また、自分より格上の相手と試合するときほど、ジンクスの数を増やしているのだという。

ちなみにジンクスとして多かったのは、上から順に「特別な食べ物を食べる」「お気に入りの道を散歩する」「勝負服を着る」というものだったそうだ。

スポーツ選手のジンクスといえば、ボストン・レッドソックスで活躍する松坂大輔投手のジンクスは有名だ。

彼はベンチからマウンドに向かうとき、「絶対にファウルラインを踏まない」というジンクスを守っている。

あるいはイチロー選手の場合、シーズン中にシアトルで食べる食事は奥さんがつくるカレーのみで、イチロー選手の家の冷凍庫には大量のカレーがストックされている。

あるいは、もっと身近なところでこんな迷信もある。

「茶柱が立つといいことがある」

「霊柩車を見たら親指を隠す」
「四つ葉のクローバーを見つけたら幸運がやってくる」
「下駄の鼻緒が切れたら不吉の予兆」
「雷が鳴ったらへそを隠す」
「手の平に人という字を書いて飲み込む」
きっとあなたも、いくつか実践しているものがあるだろう。

そこで、なんでもいいから自分なりのジンクスやお守りをつくるのだ。

商談に臨む前にペンを三回握りしめるとか、大事なデートの前日はトンカツを食べるとか、カバンの内ポケットに押し花を入れておくとか、勝負をかける日はエレベーターを使わないとか、なんでもいい。

迷信にしろジンクスにしろ、「非科学的だ」とバカにするのは簡単だ。

しかし、筆者に言わせると**迷信やジンクスは「信じたもん勝ち」**なのである。

信じることでやる気を高めたり、精神的に強くなれるのなら、絶対になにか持っていたほうがいい。

もっとも、怪しげな悪徳商法に引っかからないよう注意しよう。ジンクスは自分でつくるほうが面白いものである。

仕事は内容より速さで勝負しろ！

誰だって他者の視線は気になるものだ。特にお人好しキャラの人にとっては、なおさら気になるものだろう。

先にも述べたように、お人好しキャラの人は他者の視線が気になり、他者から嫌われたくないと思っているからこそ、いい人を演じているのである。

しかし、あまり他者の視線を気にしすぎると、仕事の効率にまで大きな影響が出てしまうことを忘れてはならない。

アメリカにあるラバーン大学の心理学者、N・H・ブイは大学生たちを被験者に、他者からのプレッシャーのなかでレポートを書かせる実験をおこなっている。なかなか面白い実験なので、簡単に紹介しておこう。

レポートのテーマは「私立大学と公立大学の長所と短所」というもので、提出までの期限は15日間と設定してある。

また、このとき学生たちをＡ・Ｂの２グループに分け、Ａグループには「優秀なレポートを書いた人には、受験を控えた高校生たちの前で朗読してもらう」と伝えた。そしてもう一方のＢグループには「優秀なレポートは学生新聞に掲載する」とだけ伝えた。学生新聞など誰も読まないので、実質的にはほとんどプレッシャーのかからない状況である。

すると、学生新聞に掲載すると言われたＢグループの学生たちが平均９・92日でレポートを提出してきたのに対して、高校生の前で朗読してもらうと言われたＡグループの学生たちは、書き上げるまでに平均15・83日もかかったのだ。

Ａグループのレポート作成作業に遅れが出た理由は簡単だ。

「高校生たちの前で朗読しなければならない」
「だったら、しっかりしたレポートに仕上げなければならない」
「下手なレポートだと、自分が恥をかいてしまう」
「よし、できるだけ立派なレポートを書こう」

こうやって**他者からの視線や評価を必要以上に意識しすぎた結果、レポート作成作業が遅れていったのである。**

一方のBグループでは「学生新聞なんて、どうせ誰も読まないよ」と考えたため、他者の評価を気にすることなく、スムーズに書いていけたのだ。

もっとも、この実験結果について「別に時間がかかってもいいじゃないか」と考える人もいるかもしれない。

すなわち、「いいものを仕上げるためなら、多少時間がかかるのは仕方ない」「むしろギリギリまで最善の策を尽くすのが大事なんだし、1日くらいの遅れは認めるべきだ」という意見である。

しかし、筆者に言わせると「時間をかければかけるほど、いいものができあがる」という考えそのものが間違っているし、納期をオーバーするなどもってのほかだ。

どんなに時間をかけたところで駄目なものは駄目だし、むしろ考えが袋小路に入り込んで逆効果になる場合も多い。

そしてなにより、めまぐるしく変化する現在のビジネスシーンで求められている力は、**第一にスピードなのである。**

仕事が遅い人は、それだけで「できない人」の烙印を押されてしまう。評価を引き下げ、ますます他者からの評価が気になるようになり、さらに仕事が遅くなってしまう。完全な負のスパイラルだ。

反対に、仕事が速ければ、多少のミスがあったとしても「できる人」との評価を受けることができる。

他者の評価を気にするあまり、つまらない完璧主義に陥ってはいけない。

納期を超えて90点の結果を出すより、納期のなかでコンスタントに70点を出し続ける人のほうが、ずっと有用な人材なのだ。

この世は
ズルい者勝ちさ!

2章

いかさま営業術 したたか交渉術

だまそうと思う人にとって、
だまされる人間はざらに見つかる。

『新訳 君主論』より

交渉事をズルさで突破するコツ

・営業や交渉の目的は、ベタベタと仲良くなることではない。相手の「NO」を「YES」に変えることだ！

・頑固な相手は思考停止に追い込んでから動かせ！感情を揺さぶれば簡単に思考停止状態をつくることができる

・「その他大勢」から抜け出す方法。それは多数派にケチをつけることだ。健全な批判は知性の証明にもつながる！

・どんなウソも100回つけば真実になる。決めゼリフをつくって1回でダメなら2回3回とくり返してみろ！

・上司よりも部下、美人よりも不美人、年上よりも年下を褒める。
そうすればすべての人をたらし込める！

・会話中の相づちを減らし、そっぽを向き、ため息をついて目を閉じろ！
相手を不安と恐怖に陥れるのだ！

・営業先で天気の話などするな！
ツンデレ戦略で相手を転がせ！

相手の「NO」を「YES」に変えろ!

気の弱いお人好しキャラの人にとって、営業や交渉ほど難儀なものはないだろう。ただでさえ相手に嫌われるのが怖いのに、自社の商品を売りつけたり、自分の主張を通したりするなんて、とてもできたものじゃない。営業も交渉も、自分みたいに内気な人間には無理なんだ。

……そう考えている人は多いのではないだろうか?

実際、派遣社員として工場の生産ラインで働く若者の中には、「他人とのコミュニケーションが嫌だから」という理由から工場での仕事を選ぶ人も多いと聞く。

しかし、営業や交渉が難しく感じる理由は、なにも性格の問題ばかりではない。

自分の資質を無視して、すべてを正攻法でやろうとしていることにこそ、本当の問題が隠されている。

たとえば、できる営業マンは「押しの強さ」を売りにしている人が多い。

まるで重たい岩を動かすように、ありったけの圧力を加えることで相手の心を動かしていく。たしかにこれは説得の定石であり、正攻法だ。説得とは力であり、圧力の行使なのである。

ところが、押しの弱い人にはなかなかこれができない。ブルドーザーを使えば簡単に動く岩石も、軽自動車では動かせないのだ。

もし、あなたが押しの弱い人間だとしたら、それなりの戦略が必要となる。

つまり、ズルさが必要なのである。

ズルさを手に入れてしまえば、営業も交渉もなんら難しいものではない。これは説得学を専門とする筆者が、自信を持って断言できることである。

さて、あなたは営業や交渉の基本原則をご存じだろうか？

相手と親しくなること？

相手から好かれること？

商品の魅力を理解してもらうこと？

自分の意見を受け入れてもらうこと？

違う。まったく違う。

相手の「NO」を「YES」に変えること。それが営業であり、交渉の大原則である。

相手と親しくなるとか、相手から好かれるとか、商品の魅力を理解してもらうといった話は、あくまでも手段にすぎない。最終目標は「ＮＯ」と言っている相手から「ＹＥＳ」を引き出すことなのだ。

本章では、相手の「ＮＯ」を「ＹＥＳ」に変えるための、飛びっきり「ズルい」技術を存分に紹介していこう。

感情を揺さぶって思考を停止させろ

あなたが営業や交渉に臨むとき、当然ながら相手は身構えている。

足を踏ん張って、腰を落とし、頑として受け入れない体勢を整えている。

交渉というパワーゲームのなかで、ここまで身構えた相手を押し倒すのは、なかなか難しいものだ。それこそブルドーザー級の力が必要になってくるだろう。

そこで多くの営業マンは、まず相手の警戒心を取り払うことからスタートするわけだが、ここではもっと狡猾な方法を紹介しよう。

相手の警戒心を取り払うのではなく、もっとダイレクトに相手の思考を停止させる、

というテクニックだ。

紹介するのは、ポーランドの科学アカデミー心理学研究所の研究員、リチャード・ノーラットによる実験である。

ノーラットは、80名の歩行者を対象に次のような実験をおこなった。

①道ばたに紙幣によく似た紙切れを落としておく
②しかし、それを拾ってよく見ると紙幣ではなく、広告ビラである
③その直後にサクラの女性が近づき、大きなカバンを差し出しながら「ちょっと用事があるので、このカバンを見ていてもらえますか?」と頼む。

要するに「あっ、お金が落ちてる!」と喜ばせ、しかし「なんだ、広告じゃないか」と落胆させることによって、感情を大きく上下に揺さぶってから、まったく関係のない頼み事をするという、ちょっと変わった実験だ。

すると、感情を揺さぶらない場合は27・5%の人しか頼み事を聞かなかったのに対して、広告ビラの一件で感情を揺さぶられた人は52・5%が頼み事を承諾したのである。

ノーラットはこうして感情を揺さぶる行為を「感情シーソー」と呼び、**大きく感情**

を揺さぶられたとき、人は一種の思考停止状態に陥って、物事を無批判に受け入れてしまうと分析している。

この「感情シーソー」のポイントは、「相反する2つの感情を続けざまに与える」という点にある。

喜びと落胆、恐怖と安心、希望と絶望など、まったく逆の感情（ポジティブなものとネガティブなもの）によって揺さぶれば、相手は簡単に思考停止状態に陥るのだ。

なお、ノーラットの研究によると、この感情シーソーは「ポジティブからネガティブ」でも「ネガティブからポジティブ」でも、順番はどちらでもいいそうだ。

それでは具体的にどのようにして使っていけばいいのだろうか？

まずは手始めに、会社の中で効果を確認してみよう。

たとえば、部下に対して「そういえば○○について社長が褒めてたぞ」と持ち上げ、その直後に「だが△△について厳しく注意するように言われた」と突き落とす。まさに感情シーソーである。

そして「ところで××の件、引き受けてもらえるかな？」と面倒な仕事を振ってみる。すると思考停止の状態にある部下は、ほとんど無批判に受け入れてしまうのだ。

これが成功すれば、取引先との交渉でも同じ論法で進めていけばいい。

たとえば、「先日の○○について、うちの社長が大喜びしてましたよ」と持ち上げて、「でも、△△については怒っているようでした」と突き落とす。

それから「ところで今回の××ですが……」と本題を切り出せばいいわけである。

アメとムチを使い分けるのは人心掌握の基本だが、**アメとムチをほぼ同時に使うと、相手はショックのあまり思考停止状態に陥るのだ。**押しの弱い人ほど覚えておきたい、狡猾なテクニックである。

スキンシップで心の扉を開かせろ！

先にも述べたように、営業や交渉をスムーズに運ぶためには、本題に入る前に相手の警戒心を取り払う必要がある。

このとき、もっともオーソドックスな武器は「話術」だ。営業トークという言葉もあるように、できる営業マンは巧みな話術を操ることで、相手の心を開いていく。

それでは口下手な人、内気な人はどうやって相手の心を開けばいいのだろうか？

やはり、話し方スクールなどに通うべきなのだろうか？

いや、口下手な人でも相手の心を開くことはできる。

ちょっとだけでもいいから、相手の体に触れればいいのだ。

心理学では、肌と肌が触れ合うことで警戒心がほぐれ、親近感が湧く「タッチング」という効果が認められている。


ひとつデータを紹介しよう。

フランスにあるブルターニュ大学の心理学者、ダミアン・エルシューは中古車店のスタッフに協力を仰いで、次のような実験をおこなった。

実験の対象となったのは中古車店にやってきた男性客40名。

このうち20名に対しては、なんらかのタッチング（1秒間）を組み合わせて接客し、残り20名にはタッチングをしないで接客した。

そして、買い物を終えた男性客たちにスタッフの印象を評価してもらったところ、**タッチングを組み合わせて接客したスタッフは「親切さ」「友好性」「正直さ」などすべての項目において、タッチングしなかったスタッフよりも高い評価を受けたのである。**

タッチングには、それほど劇的な効果があるのだ。

ところが残念なことに、握手やハグの習慣が根づいている欧米に比べて、日本にはタッチングの習慣がない。

だからこそ、かつての日本企業には宴会の席で肩を組んで歌を歌ったり、部署のみんなで円陣を組んでみたり、残業する部下の肩を揉んだりする「お触り＝タッチング」の文化があったのだろう。

もちろん、現在ではこのほとんどがセクハラ・パワハラ行為として断罪される。

ただ筆者としては、少なくとも男同士で肩を組んだり、プロジェクトチームで円陣を組むようなタッチング文化は残しておいたほうがいいように思える。

たとえば、美容院で髪を切ると最後に肩をマッサージしてくれる。

あれは肩こりをほぐしてくれるというよりも、お客さんの緊張をほぐし、親近感を高める行為でもあるのだ。

だから営業先でも、名刺交換のついでに握手をする。契約が決まったら相手とがっしり握手をして「ありがとうございます！」と感謝の気持ちを伝える。

部下が契約をとってきたら、軽く肩を叩いて「やったな！」と声をかける。そして飲み会の席では肩を組んだり、肩に手を置いたり、解散する際に握手したりする。

この程度の軽くて自然なタッチングであれば、へんな誤解を招くこともないだろうし、相手からも喜ばれるはずだ。
特に同性同士なら遠慮は要らない。
堂々とタッチングして、相手の心のドアを開けよう。

人の意見にケチをつけまくれ

会議やプレゼンなど、大勢の人間が参加している場では、相手を言い負かすとか自分の主張を認めさせるとかいう以前に、まずは「その他大勢」から抜け出し、あなたの存在そのものをアピールしないといけない。

そこで「その他大勢」から抜け出す、もっとも簡単な方法が「多数派にケチをつける」というものである。

もともと、議論の中で目立った存在になるには、その場にいる誰をもうならせるような鋭い意見や斬新なアイデアを提案できたら、それがいちばんだ。すごいヤツだと注目され、評価も高まるだろう。

しかし、たとえ立派な意見を持っていなくても「こいつはすごいヤツだ」と注目されるのは簡単だ。とにかく多数派の意見に「NO」を突きつければいいのである。

みんなが「YES」と言ったら「NO」と言う。
みんなが「NO」と言ったら「YES」と言う。

要は後出しジャンケンなのだから、なにも難しいことはない。

これは心理学で「コントラストの原理」と呼ばれる効果で、ただ「みんなと違う存在」になるだけで注目され、評価されるのである。

特に「NO」を突きつける戦略をとっていると、それは健全な批判精神だと見なされ、批評家のような知性のアピールにもつながる。少なくとも、なんでも受け入れるイエスマンよりはずっと知的に見えるのだ。

とはいえ、多勢に無勢という言葉があるように、みんなが賛成している話にひとりだけ異を唱えても、無視されたり疎まれるだけだと考える人も多いだろう。

これも大きな誤解である。

心理学には「マイノリティ・インフルエンス」という効果があり、どんな少数意見（マイノリティの意見）であっても、一貫して主張し続ければ多数派（マジョリティ）の意見を変えていくことができるのだ。

記憶に新しいところで言えば、小泉元総理の郵政民営化などは典型的なマイノリ

ティ・インフルエンスだろう。

小泉氏が総理に就任する以前は、郵政民営化など国民の大半が無関心だったたし、非現実的な考えと思われていた。

しかし、彼が一貫して民営化を唱え続けたことで、最終的にマジョリティである国民全体の意見を変えるまでに至ったのである。

これは営業や交渉でも同じで、どんな暴論であっても一貫して主張し続ければ、やがて正論に聞こえてくるものなのだ。

なお、相手が否定のしようがないような正論を突きつけてきたら、とりあえず「部分否定」というテクニックで切り抜けよう。

これは全体としては認めながらも、一部分だけを否定する、という技である。

たとえば「業務の効率化を図るべきだ」という正論があったとしても、次のような形であれば反論できるはずだ。

「全体としては賛成できるのですが、一点だけ問題があります。それは……」

「たしかに業務の効率化は重要な課題です。しかし、いま問題になっているのはそこではなく、むしろ……」

「基本的にはそれでいいと思うのですが、ひとつ気になるのは……」

こうやって部分否定をしていれば、知的でタフな交渉相手として認知され、力関係の上でも優位に立つことができる。

テレビの討論会などを見ていても、弁の立つ論客は、大抵がこのコントラストの原理や部分否定テクニックを駆使していることがわかる。そのため彼らは「その他大勢」に埋没することもないし、どんなピンチもくぐり抜けられる。

会議や討論の場で一目置かれるために必要なのは、知識でもアイデアでもない。とにかく否定から入る「ズルさ」さえ身につけていれば、それだけで「あいつはすごい」という評価を受けることができるのだ。

ウソも100回言えば真実になる

ナチスドイツの時代に「プロパガンダの天才」と呼ばれた宣伝相、ヨーゼフ・ゲッベルスはこんな言葉を残したという。

「ウソも100回言えば真実になる」

これは誇張でもレトリックでもない。

同じ話を何度も聞かされると真実味を帯びてくるというのは、心理学的に見ても
まったく正しいことである。

だからこそ、ゲッベルスはあれほど巧みにドイツ国民を扇動できたのだ。

データから先に紹介しよう。

カリフォルニア大学の心理学者、ニール・ルースは次のような実験をおこなった。

まず大学生たちに「国家はなるべく『小さな政府』であるべきだ」とか「核兵器は廃絶すべきだ」など、さまざまなテーマのメッセージを伝える。

そして大学生の半数には1回だけ伝え、残りの半数には2回同じメッセージをくり返して伝えた。その結果、2回くり返された学生たちのほうがメッセージの真実味を高く評価したのである。

さらに面白いことに、この「くり返されると真実味を感じる」という傾向は、女性よりも男性に顕著であることがわかった。

もっとも、この「くり返し」の効果は、国家的なプロパガンダに限らず、企業コマーシャルや選挙キャンペーン、または営業マンや販売員のセールストークまで、さまざまな分野で使われている。

もちろん、CMソングのようにひたすら商品名を連呼するような「くり返し」は、

日常会話には向かない。

そこで一例を挙げるなら、たとえばスイス製の腕時計を販売するときには、次のようなセールストークが考えられるだろう。

「スイス一流の職人たちが精魂込めて……そこは伝統と信頼のスイス製ですので……やはり高級時計を専門とするスイス製ならではの輝きが……」

こんな感じで、話のそこかしこに「スイス製は素晴らしい！」というメッセージを差し挟んでいくのだ。

こうして何度も同じメッセージを聞いていると、相手はほとんど無条件で「スイス製は素晴らしいんだ！」と確信するようになる。心理学の世界で「幻想真実効果」と呼ばれる効果である。

もっとも、スイス製の腕時計は本当に精巧で高価なものだが、別にこれは「イタリア製」でも「ドイツ製」でも「オランダ製」でも、まったく同じ効果が期待できる。ゲッベルスの言葉どおり、**どんなウソでもくり返すうちに真実になっていくのだ。**

なお、営業トークにおいて幻想真実効果をうまく使うためには、あらかじめ「決まり文句」をつくっておくといいだろう。

「環境に優しい……」

「アメリカでも大評判の……」

「専門家からも高い評価を受ける……」

「若い女性に大人気の……」

多少の誇張が混ざってもいい。とにかく自社や自社製品の魅力をひとつでも見つけ、そこを何度もアピールしていくのだ。

くり返せばくり返すほど、相手はそれを真実だと思い込むだろう。

真実とは「つくる」ものなのだ。

美人よりも不美人を褒めろ!

営業先で、年長の上司A氏と、若い新人B氏の2人が出てきたとしよう。

当然営業なのでお世辞やおべっかを使うことになるのだが、このときA氏とB氏のどちらを褒めるよう意識すべきだろうか?

答えは、断然B氏である。

意外かもしれないが、若い新人のほうをちゃんと褒めるのだ。

これは会社の中でも同じことで、**上司よりも部下や後輩を褒めること**に意識を置かなければならない。

というのも、会社の中で考えればわかることだが、上司に対してはそんなに意識せずとも敬語を使うし、おべっかも使う。愛想笑いもしてあげる。余程の変わり者でないかぎり、これくらいは自然とできる。

しかし一方、部下や後輩については、それなりに意識しておかないとなかなか褒めることがない。つい威張ってしまったり、ストレスのはけ口にしてしまったりする。

レイデン大学の心理学者、ルース・フォンクは次のような実験をおこなっている。内容としては、被験者たちに架空の人物のプロフィールを読ませ、好意度を評価するというシンプルな実験だ。

そしてこの架空の人物は、プロフィールの内容から「上司にも部下にも優しい」という人物と、「上司にはおべっかを使い、部下には意地悪をする」という人物の2パターンが用意されている。

実験結果は言うまでもないだろう。**「上司にはおべっかを使い、部下には意地悪をする」という2面性を持った人物は評価が低く、評価が高いのは「上司にも部下にも優しい」人物だったのである。**

これは仕事よりも、合コンの場面をイメージしてもらうともっとわかりやすいだろう。

3対3の合コンで、1人の女の子Aさんがものすごく可愛かったとする。

ここでバカ正直な男は、Aさんばかりに話しかけ、Aさんだけを褒めちぎり、他の女の子には目もくれない。

しかし、ズルい男（モテる男）は違う。

まずはBさんとCさんに話しかけ、彼女たちをちゃんと褒め、場の空気を盛り上げ、その上でAさんにも「普通に」アプローチするのだ。

こうすると、どうなるか。

解散したあと、女の子たちはこんなふうに話し合うだろう。

Bさん「あの○○さんって、いい人だよね」

Cさん「うんうん、あの人がいちばん素敵」

Aさん「そうよねー。わたしも○○さんがよかった」

すべての女の子から好感を持たれ、「次」への期待もかなり高くなるのだ。

一方、あなたを含む全員がAさんだけにアプローチしていたら、解散後の女の子たちはこんなふうに話し合うことになる。

Bさん「なんか今日つまんなかったね」
Cさん「うんうん、みんな嫌な感じー」
Aさん「そうよねー」

本来は褒められて嬉しいはずのAさんも、周りを気にして楽しかったとは言えないし、実際そんな気疲れする合コンは楽しくないのだ。そしてその合コンは「失敗」として片づけられ、次のチャンスは2度とめぐってこない。

つまり、上司よりも部下、美人よりも不美人、年上よりも年下を先に褒めて、外堀から埋めていくことによって、あなたの評判も上がっていくのである。

ちなみにこの原則に従うなら、合コンのメンバーに「ちょっと残念な女の子」が入っていたら、あなたの評判を高める大チャンスなのだ。

相手の話に相づちをうつな

会話術の本を開くと、必ずと言っていいほど「たくさん相づちを打ちましょう」と書いてある。

もちろん、筆者も他の著書で相づちを推奨することは多い。

相づちには、暗に「わたしはあなたの話を聞いていますよ」「あなたの話は面白いですよ」といったメッセージが含まれるため、ただひたすら相づちを打って耳を傾けているだけでも、あなたへの好感度は大いに高まる。

相づちが「聞く技術」や「人たらし」の王道中の王道であることは、疑いようのない事実である。

しかし、ここでは「あえて相づちを減らす」というテクニックを紹介しよう。

オーストリアにあるグラーツ大学の心理学者、ウルサラ・アッセンスタッドは次のような実験をおこなった。

まず、何組もの男女が会話する様子をビデオで撮影し、そのビデオを被験者たちに見せて「どんな態度に男らしさを感じるか」を調査したのだ。ちなみに心理学でいう男らしさとは「パワーの象徴」を意味する。

その結果、会話中の相づちが少ないほど男らしく、パワーを感じさせることがわかった。ちなみにその他、「話の腰を折る」や「相手に指示をする」なども男性的パワーを感じさせることがわかっている。

このことは、国際舞台に出るとよくわかるだろう。

たとえば、華僑を含む中国人たちは政治においても経済においても、かなりのタフネゴシエーターとして知られている。

その理由は簡単で、彼らはほとんど相づちを打たないのだ。そして無表情のまま、あるいは不気味な微笑みをたたえたまま、黙って話を聞いているのである。

こっちが必死にしゃべっているのに相手が沈黙していると、段々不安になってくる。なにか気に障ることでもしたのか、なにか不満でもあるのか、自分の話に退屈しているのか、どんどん気が焦ってくる。

そう、沈黙とは恐怖なのだ。

おかげで中国人と交渉する人は、相手がなにも言っていないにもかかわらず、自分からどんどん条件を引き下げていくのだ。

それにひきかえ、日本人は外国人に比べて相づちの数が多いと言われている。

相手に嫌われることを恐れるあまり、必要以上に相づちを打って笑みを浮かべる。これはこれで不気味ではあるが、少なくともパワーを感じさせるものではない。だから国際舞台での日本人は、交渉事に弱いのである。

そしておそらく、あなたも普段から必要以上に相づちを打っているはずだ。そのせいで相手からナメられている可能性は、大いにある。

筆者もさすがに相づちをゼロにしろとは言わない。そんなことをしたら、ただ嫌われて終わるだけだ。

しかし、いまの3分の1くらいに減らしてみるのはいいだろう。それだけで相手は不安になり、交渉事を有利に運べるはずである。

会話中にため息をついて目を閉じろ！

言葉の中には、文字で伝えられる情報と、文字だけでは伝えきれない情報とがある。

たとえば、次のような例だ。

①「いったい、どうしたんだ？」

②「いったい、どうしたんだ！」

文字だけで見ると、両方とも一字一句違わない言葉だ。しかし、前者は普通に尋ねているのに対して、後者は厳しく叱責している。これは声の大きさやトーン、イントネーション、また表情やしぐさなどが加わることで、より明確になる。

専門的には、このような文字では伝えきれない情報のことを、ノンバーバル・コミュニケーション（非言語コミュニケーション）やパラ言語（周辺言語）と呼ぶ。

そしてこれらの非言語・周辺言語コミュニケーションをいかにうまく使いこなすかも、ズルさの見せどころなのだ。

ユタ州立大学の言語学者、ジョン・セイターは政治家のテレビ討論を大学生に見せ、その印象を詳細に分析する実験をおこなっている。

その結果、ある候補者（A）が自分の政策を語っているときに、ライバルの候補者（B）が左右に首を振りながら聞いていると、A氏の人物像や政策の信頼性を引き下げられることがわかった。

言葉にしてA氏を攻撃するのではなく、しぐさや態度によって間接的に攻撃するわけだ。実際、アメリカでの討論会などを見ていると、しばしばこの手法が使われている。

とはいえ、1対1の交渉において首を振りながら話を聞く、というのは難しいだろう。そこで筆者がオススメしたいテクニックが「ため息」である。

相手が必死にしゃべっているとき、いかにも関心がないというようにため息をつく。

そして目を閉じたり、そっぽを向いたり、携帯電話や手帳を眺めたり、腕を組んだり、あくまでも「言外」に不同意のサインを送るのである。

もちろん、これらはすべて失礼な行為だ。気心の知れた幼なじみ相手ならともかく、取引先の相手を前にこんなことはできないと思う人も多いだろう。

じゃあ、逆の立場で考えてほしい。

取引先の相手が、あなたのしゃべっている途中でため息をついたり、そっぽを向いたりしたら、どんな気分になるだろうか？

そこで「失礼じゃないか！」と怒りを爆発させるだろうか？

それよりも「怒ってるのかな？」と心配になるだけではないだろうか？

そう、さすがに毎回こんなことをやっていたら嫌われるだろうが、**ときどき不同意のサインを送ることは、相手を不安と混乱に陥れ、交渉事の主導権を自分の手に引き寄せる、とっておきのテクニックなのだ。**

しかも、言葉にして失礼なことを言ったわけではないので、証拠は残らないし、相手も怒りにくい。

言葉に変化をつけるのではなく、言葉の「背景」に変化をつけるのだ。

ウソの「常識」をでっち上げろ！

まず最初にデータから紹介することにしよう。

カナダにあるブリティッシュ・コロンビア大学の心理学者、ピーター・ダークは次のような実験をおこなっている。

被験者の大学生をAとBの2グループに分け、それぞれに「大学には、卒業試験制度を導入するべきだ」という説得をおこなった。そして、説得する際の材料として次のデータを提示した。

▽グループA　１０００人中、○○人が賛成した
▽グループB　10人中、○人が賛成した

両者のパーセンテージ（賛成率）は同じになっていて、統計学的にはAもBも同じ意味を持つデータである。

ところが実験の結果、１０００人のデータを見せられたグループAのほうが、よりたくさん説得されることが明らかになった。

要するに、同じ「60%が賛成」というデータがあったとしても、**「10人中6人が賛成した」と聞かされるより、「1000人中600人が賛成した」と聞かされたほうが、人は信用してしまうのである。**

さて、この実験からわかるのは、人間の心を支配する「数の論理」や「多数派の論理」の存在である。

われわれはどうしても「みんながこう言っています」と言われると、同意せざるをえないような気になってしまう。

そのため、悪徳商法の業者では「数」そのものを捏造して「全国120万人のご愛用者から感謝の声！」などのチラシをつくったりするのだが、さすがにそれは詐欺である。

そこで筆者がオススメしたいのは、「数」ではなく「常識」を捏造することだ。

常識なんて、ほとんどが「言ったもの勝ち」なので、どんな常識をでっち上げようと、必ずしもウソとは言えないのである。

たとえば、あなたの可愛がっていたペットが亡くなってしまったとしよう。

そしてあなたがお墓を建ててあげようと、ペット専門の葬儀会社に連絡を取る。

このとき、葬儀費用が5万円だろうと10万円だろうと、「これが相場です」と言われたら大半の人は「そういうものか」と受け入れるのではないだろうか。

あるいは「外資系では○○が常識」とか「ＩＴ業界では△△が常識」といった言葉を使われると、なんとなく受け入れざるをえない気持ちになるのではないか。


筆者自身の話をしよう。

じつは最近、筆者はある洋書の翻訳をやらせていただいた。これまで自分ではたくさんの本を執筆してきたが、翻訳は初めての経験である。

それで困ったのが印税である。

翻訳書の場合、訳者はどの程度の印税を受けとるものなのか、筆者はまるで知らなかったのだ。そのため出版社側から提示された印税を、「きっとこれが相場なんだろう」とそのまま受け入れることにした。

ちなみに、あとで翻訳書に詳しい方に聞いたところ、筆者の受けとった印税は「相場よりもやや上」というラインだったらしい。

しかし、仮に「翻訳の相場は大体これくらいですよ」と極端に低い税率を持ちかけられていたとしても、筆者は鵜呑みにしていただろう。そう考えると、出版社および編集者のご厚意に感謝するばかりである。

われわれは、「常識」という言葉を耳にしたとき、つい「たくさんの人が支持している」と想像してしまう。そして数の論理や多数派の論理に屈する形で、そのまま受け入れてしまうのだ。

だったら、業界の常識、若い人の常識、ビジネスマンの常識、欧米の常識、最近の常識、会社の常識、地元の常識、なんでもいいから常識を振りかざし、相手に「ＹＥＳ」と言わせよう。

多数派をでっち上げるのは、そんなに難しいことではないのだ。

ツンデレ戦略で相手を転がせ！

ロシアには伝統的に「ニェット戦略」と呼ばれる交渉術がある。

この「ニェット」とはロシア語で「ＮＯ」を意味する言葉で、交渉する際にはとにかく「ニェット、ニェット、ニェット！」で押し切れ、という頑固すぎるほど頑固な、いかにもロシアっぽい交渉術である。

しかし、日本人が日本でニェット戦略を使ってもうまくいかないだろう。

日本には目の前で堂々と「NO」を突きつける習慣、しかも「NO」を何度もくり返す習慣などないからだ。

そこで日本人にピッタリと思われる戦略が「ツンデレ」である。

つまり、最初に厳しい姿勢を見せておいて（ツンツン）、最後に優しく妥結する（デレデレ）のだ。

ちょうどいいデータがあるので紹介しよう。

イリノイ大学の心理学者、ジェラルド・クロアの研究によると、人は気のない素振りのあとに優しくされると、相手にこの上ない好意を感じるという。

具体的には、最初は目を合わせなかったり退屈そうにしていた相手が、最後に優しい行動に出てくれると、ものすごく嬉しくなるのだ。

心理学ではこれを「ゲインロス効果」と呼ぶ。ゲインとは「利益」、ロスとは「損失」のことだ。

さて、これを営業や交渉の場面に置き換えると、どうなるだろうか。

営業にしろ、その他の交渉事にしろ、相手の要求を承諾せざるをえない場面は多々あるはずだ。自分の要求を押し通すだけがビジネスではない。

もちろん、承諾すれば相手は喜ぶ。しかし、せっかく承諾してあげるなら、もっと劇的に喜ばせたほうがいいだろう。

そこで登場するのが、ツンデレこと「ゲインロス効果」なのだ。

たとえば、相手がなにかの要求を投げかけてきたとき、すぐに飲み込んでしまったら相手も楽しくないだろう。あなたは「気の弱い小物」として見くびられ、都合のいい男として利用されて終わるだけだ。

しかし、たとえ最終的に承諾することが決まっていても、一旦は「ニェット!」を突きつけると、どうなるか。

相手はあなたのことを「手強いヤツ」だと思うだろうし、より本腰を入れて交渉に臨むようになるだろう。

そうやって相手の反論とこちらの小さな「ニェット」を何度かくり返し、一定のバトルをくり広げたあと、最後にこう言うのだ。

「わかりました! ○○さんには敵《かな》いません!」

「もう、仕方ないですね、今回だけは折れましょう!」

まさにツンデレである。

相手は手強いヤツに勝利したという大きな達成感を得るとともに、あなたのことが大好きになってしまうだろう。

このように、たとえ答えの選択肢が「YES」しかないときでも、あえて「NO」

からスタートするツンデレの法則を身につけておくと、あなたも立派な交渉のプロ、人たらしの達人になれるはずだ。

ちなみに、ツンデレは大いに結構だが、「デレツン」（最初に優しくして、最後に冷たくすること）はいちばん嫌われるパターンなのでやめておこう。

交渉事は「終わりよければすべてよし」であり、相手の記憶には「いかにして気持ち良く交渉が終わったか」ということしか残らないのだ。

言い回し一つで錯覚を起こさせる

ズルい会話のテクニックに「フレーミング」というものがある。

たとえば、不動産広告に次のような宣伝文句があったとして、あなたはどちらに魅力を感じるだろうか？

「新宿まで80分」

「新宿まで1時間20分」

パッと見た感じ、なんとなく「80分」のほうが近そうな気がしないだろうか?

また、広告でいうと月額1万2000円の教材費などを「1日コーヒー1杯分のお値段」などと説明するパターンも多い。たしかに、1杯400円のコーヒーを毎日飲んだと考えたら、1万2000円になる。

あるいは、健康食品会社のセールスマンが、牛肉の写真を示してこんなふうに迫ってきたとしよう。

「このお肉、じつは30%も脂肪なんですよ!」

肉好きの人は思わずドキッとするだろう。そして、成人病や動脈硬化などの恐怖心をあおられ、ついつい健康食品を買ってしまうわけだ。

しかし、30%が脂肪なら「70%が赤身」ということである。

そう考えると、さほど不健康な話でもない気がするのではないだろうか。これもすべてはフレーミングによる「印象」の違いなのである。

チャイニーズ・アカデミー・オブ・サイエンシズのS・リーは、フレーミングの使い方について実験をおこなっている。

ある商品について、次のような宣伝文句で販売する実験である。

Ⓐ「50％ＯＦＦ」（価格プロモーション）
Ⓑ「いまご購入いただいたらオマケでもう1個プレゼント」（おまけプロモーション）

よく考えてもらうとわかるように、これはどちらも同じことである。

ただし、粉チーズのようにあまり消費しないものは、50％ＯＦＦの「価格プロモーション」のほうが、牛乳や卵のようにどんどん消費していくものは、もう1個プレゼントの「おまけプロモーション」のほうが好まれることがわかった。

値段を下げれば売れるというわけではないのだ。**自分が売りたいものや伝えたいメッセージによって、適切なフレームに変えていくことが大切なのである。**

営業先で天気の話なんかするな！

誰が言いはじめた話か知らないが、一般的に「営業先では〝天気の話〟から始めるべきだ」という考えが広く浸透しているようだ。

いきなり商売の話をしたって追い返されるだけなので、まずは当たり障りのない天気の話からスタートして、相手の警戒心をほぐしてから、少しずつ商売の話に持っていく、ということなのだろう。

一見まともな戦略のようにも思えるが、少なくとも心理学的な立場から見ると大ハズレだと言わざるをえない。

相手の警戒心を解く、という考えは正しい。

しかし、そこで「天気の話」を持ち出すというのがよくないのだ。

それを示すデータを紹介しよう。

ペンシルベニア州にあるアーシナス・カレッジの心理学者、キャサリン・チャンブリスによる実験だ。

チャンブリスは、「会話の内容」がその人にどんなイメージを与えるかについて、次のような実験をおこなっている。

まず最初に、2人の学生にいくつかのテーマを指定して会話をさせ、その音声をテープに録音する。

そして別の学生たちにそのテープを聴かせ、話し手（2人の学生）たちに対してどんなイメージを持ったか評価させてみた。

その結果、「戦争」をテーマに話しているときは「男性的」で、「介護」をテーマに話しているときは「女性的」に感じられることがわかった。

つまり、われわれは「どんな話題を選ぶか」によって、そのまま人物評が決まってしまうのである。

もし、あなたが普段からマンガとテレビの話ばかりしているとしたら、仕事の実務能力にかかわらず、あなたはバカに見える。別にマンガやテレビを否定しているわけではない。ただ、現実問題としてバカっぽく見えてしまうのである。

あるいは、あなたがゲームとアニメの話ばかりしていたら、オタクっぽく見えるだろう。どんなにイケメンでも、どんなにファッションに気を遣っていても、なんとなく野暮ったいオタク臭が漂ってしまうのだ。

一方、数式や科学の話をしていると、それだけで論理的な人に見える。

スポーツやアウトドアの話をしていると、明るくて健康的な人に見える。

歴史や文学の話をしていると、思慮深い人に見える。

自分の印象を操作することなど、案外簡単なのである。

さて、ここまで考えたら、なぜ営業先で他愛もない天気の話をするのがよくないかの理由もわかるはずだ。

天気みたいな他愛もない話をしていたら、そのまま「他愛もない人」という評価を受けてしまうのだ。そして「他愛もない人」として、適当にあしらわれて終わるのだ。

もちろん、田舎のお年寄りを相手にするときなどは、他愛のない世間話が喜ばれる場合もあるだろう。

しかし、取引先などビジネスとしての相手と接するときには、天気の話などしないほうがいい。その日の朝刊に出ていた経済ニュースや業界の最新情報、あるいは相手の趣味の話など、他に話すべき話題はいくらでもあるはずだ。

天気の話をしていれば仕事がとれたような牧歌的時代は、もう終わったのである。

商談や打ち合わせは相手を呼びつけろ

プロスポーツの世界では、ほぼすべてのリーグ戦は「ホーム＆アウェイ方式」を採用している。プロ野球のセ・パ両リーグやJリーグはもちろん、サッカーのワールドカップ予選もホーム＆アウェイ方式だし、アメリカのＮＢＡ（バスケット）やＮＦＬ（アメフト）、ＮＨＬ（アイスホッケー）もすべてそうだ。

そして、サッカーのワールドカップ予選などを見ていると、よく「アウェイの洗礼だ」とか「アウェイで勝てる力をつけないと」といった言葉が語られる。

そう、ホームでは比較的ラクに勝てるのに、相手の地元であるアウェイの地に行くとなかなか勝てないのだ。

これについては「審判がホームチームの味方をするからだ」とか「地元ファンの声援があるからだ」とかいろんな見方があるだろう。

しかし、ある心理学者がこんな面白いデータを発表している。

カナダにあるブロック大学の心理学者、ジャスティーン・カーレーはジュニア・アイスホッケーリーグで活躍するエース級の選手17名を対象にある調査をおこなった。

各選手がホームで試合をするときとアウェイで試合するとき、それぞれ試合前に唾液を採取して、その成分を検査したのである。

その結果、ホームで試合するときのほうが、アウェイで試合するときよりも唾液中のテストステロンが約72％も多くなることが明らかになった。

このテストステロンとは男性ホルモンの一種で、闘争本能や攻撃性を掻き立てたり、筋肉を増強するなどの働きがあり、人工のテストステロンはドーピング検査の対象にもなっている。

つまり、ホームで試合をする選手たちは精神的にも肉体的にも強い状態にあるのだ。

ホームチームが強いのは、ある意味で当たり前である。

さて、こうやってホームでいつも以上の力が発揮できることを、心理学では「ホームコート効果」や「ホーム効果」と呼んでいる。

もちろん、これはスポーツ選手にだけ当てはまるものではない。

ビジネスマンにだってホーム効果はしっかりと働くのである。

そのため、ズル賢い人はなかなか相手のホームグラウンド（会社）へは足を運ばない。打ち合わせも商談も、なるべく自分のホームでおこなおうとする。

そして自分の会社に呼びつけることが難しければ、「じゃあ、新宿で食事でもしながらお話ししましょう。いいお店を見つけたんですよ」と中立地を指定する。

自分のホームではないものの、敵のホームでもないため、まだマシなのだ。

もし、現在のあなたが相手の会社にホイホイ足を運び、打ち合わせも商談もすべて敵地でおこなっているとすれば、あなたは自分の潜在能力を半分も発揮できていないのだ。

申し訳ないなどと思わず、堂々と相手を呼びつけるようにしよう。

デカイ机を挟んで相手と距離を取れ！

古今東西の皇帝たちは、自らの権威を示すため「距離」を道具に使っていた。そして直接謁見のためやってきた客人や家臣も、一定の距離までしか近づけない。話すことさえ許されず、側近の者を通じて言葉を交わすことが常だった。

こうして距離を置くことで、皇帝としての威厳や神秘性を高めていったのだ。

現在でも「お近づきになれて光栄です」といった言い回しがあるが、まさに「近づく」ことは、選ばれた人間にのみ許された特権だったのである。

その意味でいうと、さほど親しくもないのにベタベタと距離を縮めてくる相手は、あなたのことをナメている。あなたに威厳や権威を感じていたら、そう簡単には近づけないはずなのだ。

カリフォルニア大学の心理学者、デイル・ロットは権威と距離との関係について、次のような実験をおこなっている。

まず、被験者となる大学生を集め、椅子を手渡して「好きなところに椅子を置いて、この人と会話をしてください」と指示をする。

そして半分の学生には「会話をする相手は大学教授です」と伝え、もう半分の学生には「会話をする相手はあなたと同じ大学生です」と伝えた。これはいずれもウソで、会話の相手はサクラとして参加してもらった同一人物である。

すると「相手は大学教授です」と言われた学生たちは、サクラの人物とある程度の距離を置いて椅子に座り、もう一方の「相手はあなたと同じ大学生です」と言われた学生たちは近い距離に椅子を置いて座ったのである。

このとき学生たちがとった「椅子の距離」が、そのまま「心の距離」を表していることは言うまでもないだろう。

もし、あなたが交渉相手にナメられたくない、心理的に優位に立ちたい、というのであれば、強引に距離をつくることを推奨する。

交渉する相手をなるべく大きな会議室に案内し、大きな机を挟んで対面するのだ。相手が身を乗り出して話してきたら、椅子を引いて距離をとる。あるいは、背もたれに寄りかかって距離をとる。

なにがあっても「お近づきになる光栄」を与えないのである。

もちろん、やり過ぎると嫌われる可能性もあるので限度をわきまえる必要はあるが、普段から人に軽く見られがちな人、お人好しキャラから抜け出したい人にとっては、有効な策といえるだろう。

人間性の未熟さはスーツでカバーできる！

最近ではずいぶん沈静化してきたが、数年前まで中高年層のあいだでは「ＩＴ業なんて虚業だ」という批判的意見が多く見られた。

ここには、ＩＴという新しいテクノロジーへの無理解も多分にあったはずだが、筆者はもっと単純な理由があったのではないかと考える。

それは、ＩＴベンチャー経営者たちの服装だ。

彼らはいつも、Ｔシャツに綿パンなどのカジュアルな服装でメディアに登場していた。きっと彼らとしては自由な社風をアピールする狙いがあったのだろうが、心理学的には完全な逆効果だったと言わざるをえない。

中高年層の多くは、あの服装に「自由」よりも「軽薄さ」を感じたのだ。

イギリスにあるレスター大学の心理学者、エイドリアン・ノースは服装が与える印象について、次のような実験をおこなっている。

まず実験の前提として、イギリスの交通ルールでは歩行者が道路を横断していたら、自動車は停車しなければいけないことになっている。これはたとえ歩行者の信号無視であっても、また横断歩道以外の場所であっても、歩行者優先が原則だ。ただ、このルールはほとんど有名無実化しているそうだ。

それを踏まえた上で、実験を見ていこう。

ノースは、歩行者が道路を横断するときに車が停車するかどうかを計1万8000回にわたって観察し、分析した。

その結果、歩行者の服装によって次のような差が出ることがわかった。

- 歩行者の服装がだらしない場合➡65・6%の車が停車
- 歩行者の服装がきちんとしている場合➡78・9%の車が停車

つまり、ドライバーたちは歩行者の身なりによって、道を譲るか譲らないかを判断していたのだ。もっと率直に言えば、だらしない身なりの歩行者には道を譲ろうとしなかったのである。

と、ここまでの話から「自分はスーツを着て働いているから大丈夫だ」と思っている読者も多いかもしれないが、安心するのはまだ早い。

特に20代のビジネスマンは注意が必要だ。

まだスーツを着慣れない20代のうちには、いいスーツと安っぽいスーツの見分けがつきにくい。

そのため、あなたはバレないと思っているかもしれないが、40代以降のスーツ慣れした人たちから見ると、安くてだらしないスーツは一発で見抜くことができるものだ。

逆に言うと、若いのに仕立てのいいスーツを着ていたら、年長者は「なかなかしっかりしてるじゃないか」と感心するものである。

そこで、ひとまず1着だけでもいいから高級スーツを仕立てておこう。これは見栄でも背伸びでもなんでもなく、自分への投資だ。

また、せっかく有名ブランドなどの高級紳士服店に行くときには、店員さんを存分に利用してほしい。

なんといっても、彼らは毎日スーツに触れているプロである。若いあなたよりもスーツを見る目は確かだ。

だから、あなたが「どっしり落ち着いて見えるようなスーツを」とか「シャープなキレ者に見えるようなスーツを」といった感じでリクエストすれば、ちゃんと希望に見合ったスーツやネクタイをコーディネートしてくれるはずだ。

つまり、彼らショップ店員を「自分の専属スタイリスト」にするくらいの気持ちで、思いきってすべてを任せてみるのである。

欧米の政治家は、みなスタイリストを雇い、自分をいかに魅力的に見せるか競い合っている。

あなたも自分をより強く、大きく見せたければスーツの力を借りることだ。

カジュアルな服装で「自由」をアピールするのは、まだずっと先、経験と実績を積み重ねてからでかまわないのである。

3章

だましの暗示術
腹黒ハッタリ術

加害行為は一気にやってしまわなくてはならない。
恩恵は、よりよく人に味わってもらえるように、
小出しにやらなくてはいけない。

『新訳 君主論』より

他人に暗示をかけてズルく操るコツ

・嫌な仕事はどんどん人に振る。
他人の力をうまく使えるようになってこそ、いい結果を残せるのだ

・人を褒めるときは「第三者」を経由させろ！
第三者から聞いたお世辞は本物に聞こえる。
自分の下心にフィルターをかけるのだ！

・偉人の名前と言葉を完璧にコピーしろ。
自分を大きく見せたければ「虎の威を借る狐」になるべきだ！

・相手の名前を呼んであげることは「報酬」として機能する。
名刺交換した瞬間から名前で呼ぶクセをつけろ！

・話の「前提」を操作して、相手の心を意のままに操れ！
リーディングの技術を使えば相手はいくらでも導くことができる！

・相手の心に「レッテル」を貼りつけ、レッテルどおりに行動を促せ！
相手の進路にレールを敷くのだ！

・断り下手なら「質問」に変えろ！
わざわざ断らなくとも不同意のニュアンスは伝えられる！

嫌な仕事は堂々と他人に振れ！

ズルい人は、他人を使うのがうまい。

嫌なことを他人にやらせて、自分は好きなこと、得意なことだけに集中する。

だから、ズルい人は結果を残すし、仕事が楽しい。

だってそうだろう、彼らは得意分野に集中しているのだ。「ズルい人ほど成功する」というのは、当たり前の話なのである。

もっとも、他人を意のままに操るためには、さまざまな心理テクニックが必要だ。相手に暗示をかけ、相手の気づかないまま巧みに操作することさえある。このあたりは、かなり狡猾で危険なテクニックになってくる。

本章では、そうした暗示や人心操作術について紹介していこう。

まず最初に紹介しておきたいのは、アメリカのベル研究所に勤める研究員たちに関する調査データである。

ベル研究所で、研究成績がトップ15％に位置するエリート研究員と、その他85％の一般研究員はどこが違うのか調査がおこなわれた。

その結果、エリート研究員と一般研究員のあいだには「知性」にも「性格」にも大きな差は認められなかった。

ただ、唯一大きく違ったのが、その人の持つネットワーク（人脈）で、エリート研究員たちはみな「使える人脈」を持ち、実際にうまく使いこなしていることがわかったのだ。

たとえば、一般研究員たちはトラブルが起きたとき、なんとか自力で解決しようとする傾向がある。しかし、エリート研究員はトラブルが発生するとすぐに他者の力を借り、場合によっては丸投げしてしまうのである。

念のため断っておくと、ベル研究所とはこれまで6名ものノーベル賞受賞者を輩出した、全米でも屈指のレベルを誇る民間研究所である。

その研究所の中でトップ15％に位置する超エリートの秘密が「人脈」であり、「他者の力を借りること」であるというのは、なかなか興味深い話である。

筆者がこの話を聞いて思い出すのは、世界のホンダを築いた本田宗一郎だ。

よく知られているように、彼は藤沢武夫（副社長）という盟友がいたからこそ、技術屋としての夢やロマンを追求していくことができた。**実質的な経営はすべて藤沢に任せ、自分は技術部門の「好きなこと」と「得意なこと」に集中していったのである。**

もしも、藤沢がおらず、本田宗一郎が経営のすべてを取り仕切る立場だったら、現在のホンダはなかっただろう。

これは勉強全般についていえることだが、**自分の苦手分野を克服しようとするのは大いなるムダである。**

特に会社などはチームプレーなのだから、苦手分野は「得意な人」に任せて、それぞれが得意分野に集中していったほうがずっと効率的なのだ。

嫌な仕事を他人に任せるのは、「逃げ」ではない。自分が得意分野に集中するための、役割分担だ。**後ろめたさなど感じることなく、堂々と他人に任せてしまおう。**

いけ好かない上司の鼻をへし折る方法

会社員にとって、社内の人間関係ほど面倒くさいものはないだろう。

特に問題なのは上司だ。

子どもが親を選べないように、部下も上司を選ぶことはできない。配属先にどんな上司がいるかは、ほとんど運任せである。

そしてもし、どうしても許せない上司がいるとしたら、部署全体に悪影響を与えているダメ上司がいるとしたら、人間的に明らかな欠陥がある上司がいるとしたら、さすがになんらかの対策を講じる必要があるだろう。

このときもっとも効果的だと思われる手段が、上司を「孤立」させることである。

シドニー大学の心理学者、リサ・ザドロが「孤立」についておこなった、ちょっと可哀想な実験を紹介しよう。

まず、被験者たちにオンラインゲームをプレイさせる。

これは「サイバーボール」というゲームで、3人1組になってサッカーのようにボールを回していく遊びだ。

ただ、このとき被験者以外の2人はサクラとなっており、次の2パターンでプレイしてもらった。

①サクラの2人だけでボールを回し、被験者を仲間はずれにする

②3人みんな平等にボールが回るようプレイする

そしてゲーム終了後、被験者たちに心理テストを実施したところ、①の仲間はずれにされた被験者たちは、自尊心が著しく低下することが明らかになった。

さらにザドロの研究によると、**この仲間はずれ（孤立）による不快感は、かなりの長期間にわたって持続することがわかっている。**

リストラのなかった時代の日本企業では、使えない社員や不祥事を起こした社員を追い出すため、孤立をあおる人事が積極的に使われていた。

いわゆる「窓際族」である。

当時よく言われたのが、「社史編纂室」など、なんの実態もない部署に回され、誰もいない倉庫で毎日ぼんやり過ごさせる、というパターンだ。

ほとんど誰も来ない場所なので、さぼっていても、居眠りしてもかまわない。そも

そも叱ってくれる上司すらいないのである。

仕事もせずに給料がもらえるならいいじゃないか、という意見もあるだろうが、人間はそれほど強い生き物ではない。かつての仲間たちから隔離された孤独な空間で生きていくくらいなら、いっそ自主退職して別の仕事を探そうと考えるのが、人間なのだ。

もちろん、あなたの上司を「社史編纂室」に送ることはできない。

しかし、同僚たちと結託することによって、精神的な窓際族に追いやってしまうことは可能だ。

たとえば、同僚たちと「あの上司からは、3回名前を呼ばれるまでは返事をしない」というルールをつくる。仮に筆者が部下だとしたら、

「内藤！　内藤！　……おい内藤！」

これでようやく「はい？」と返事をするわけである。

最初はかなりの大目玉を食らうだろうが、部下の全員がこれを始めたら、さすがの上司も怖くなるし、不安を感じ始めるはずだ。そしてほどなく反省し、態度を改めるようになるだろう。

上司など、しょせん指示をきく部下がいるから成立するのであって、部下の存在な

くてはなにもできないのだ。

ただし、**この孤立戦略はかなりの「劇薬」である。**

あまり極端に孤立をあおると、精神的な病や場合によっては死にまで至ることもあるので、やりすぎには注意してほしい。相手に「気づき」を与え、反省する機会を与える程度にしておこう。

褒めるときは「第三者」を経由させろ

一般に、人を褒めるのは難しいと言われる。

そもそも日本には「褒める」という習慣がない。

ハリウッド映画やアメリカのホームドラマなどを観ていると、アメリカの夫婦は必ず愛を言葉にして確認し合っている。これは新婚夫婦にかぎらず、熟年の夫婦でもそうだ。

ところが、日本人男性が自分の妻に毎日「愛しているよ」「今日もきれいだね」と声をかける姿など、想像もできないだろう。

せいぜい新婚時代にそういう時期があるかもしれないが、周囲からは羨ましがられるどころか「バカップル」と笑われる可能性のほうが高い。

われわれ日本人は、日常生活の中で誰かを褒めるということがほとんどないのだ。

そのため、上司や部下を褒めようと思っても、なんとなく白々しさが出てしまう。**上司を褒めると「おべっか使いだ」と思われるし、部下を褒めると「部下に媚びを売ってる」と思われる。**

褒められて嬉しくない人はいないはずなのに、褒める場面を設定するのが難しすぎるのである。

そこで、本物の人たらしが使う狡猾なテクニックを紹介しよう。

カルガリー大学の心理学者、デビッド・ジョーンズは次のような実験をおこなった。

まず「心理テストです」という名目で被験者を集め、待合室に待機させる。

このとき、待合室には2名のサクラの女性がいて、他にも聞こえる程度の声で、

①「この心理テストの検査官って、公平な人みたいだよ」

②「この心理テストの検査官って、不公平な人みたいだよ」

とコソコソ話している。

そして実際に心理テストを受けてもらったあと、検査官に対する印象を尋ねてみたところ、事前に「公平な人みたいだよ」と漏れ聞いていた人たちは「公平な人だった」と答え、事前に「不公平な人みたいだよ」と聞いていた人たちは「不公平な人だった」と答えたのである。

つまり、われわれは「第三者から偶然聞いた話」にはとてつもない信憑性を感じて信じこんでしまうのだ。これを心理学では「漏れ聞き効果」という。

これは自分の実生活に置き換えて考えると納得できるはずだ。

たとえば、あなたの家族が「あの○○銀行って、経営破綻するかもしれないんだって」と言っても、そこまで信憑性は感じないだろう。

しかし、駅のホームなどで見知らぬ人たちが「○○銀行、経営破綻するかもしれないんだってね」とコソコソ話していたら、かなりの信憑性を感じるのではないだろうか。ひょっとしたら、その足で預金を下ろしに行くかもしれない。

実際、過去に金融機関で起きた取り付け騒ぎの多くは、こうした噂話に火がついて発生したものだと言われている。

この**「漏れ聞き効果」**は、人を褒めるときにも大いに活用できる。

仮に、あなたがAという課長にすり寄りたいとしよう。

その場合、まずはB部長に対して「いやあ、A課長はすごい人です。僕はA課長の下で働くことができて、本当に幸せですよ」などと、歯の浮くようなお世辞を言うのだ。

するとB部長は、そのうち「A君、がんばってるみたいじゃないか。きみのこと、あの○○君が絶賛してたよ」といった感じで、課長に伝えてくれるはずだ。

さて、こうやって第三者経由で耳にした褒め言葉は、まずお世辞には聞こえないし、ものすごい信憑性を感じる。あなたの評価は急上昇することだろう。

つまり、第三者を経由することによって、あなたの下心にフィルターをかけてしまうのである。

もちろんこれは部下を褒めるときにも使えるし、女の子を口説くときにも使えるものだ。あなたがどんな下心を持っているかなど、誰も気づきはしないだろう。

噂話のメカニズムを知れ！

前項で紹介した「漏れ聞き効果」の応用は、端的に言えば「噂話を流してターゲッ

ト を操作する」というテクニックである。

そこで、より確実にターゲットを操作するために、噂話のメカニズムについて紹介しておこう。

ノックス・カレッジの心理学者、フランシス・マッカンドルは有名人のゴシップなど、架空のゴシップ記事を流すことで「ゴシップはどのように広まっていくのか」について調査している。

その結果わかったのは、主に次の3点だった。

①よい噂よりも、悪い噂のほうが早く広まる
②噂話は同性間で広まる傾向にある
③よい噂はすぐに消えてしまう（悪い噂は長期にわたって広まっていく）

きっと、いずれも納得できるのではないだろうか。

また、噂話に関するこれ以外の実験では、ゴードン・オールポートという心理学者の有名な報告がある。

オールポートが「Aさんの具合が悪い」という噂を流したところ、15人目に達する

ときには「Aさんのお葬式は……」とお葬式の話にまで発展していた、というのだ。まるで笑い話のようだが、結局のところ噂話はそれだけ尾ひれをつけながら広まっていくのである。

さて、そこで誰かの噂話を効果的に流そうと思うなら、次の3点に注意してもらうといいだろう。

①周囲の中で、いちばんおしゃべりだと思う人物に吹き込む

↓噂話を効率的に広めるため

②2度3度と、何回でも焚きつける

↓噂話の火は、風を送らないと燃え尽きてしまう

③はじめに流すのは小さな噂でかまわない

↓噂を流す人たちが勝手に尾ひれをつけて話を大きくしてくれるため

この原則に従って、上司にゴマをする噂を流すのでもいいし、ライバルの悪い噂を流すのでもいい。

あるいは、嫌な上司をこらしめるためには、伝言による噂を流すよりも、まったく別のアプローチをとったほうが手っ取り早いかもしれない。

それは「内部告発」である。

たとえば、部下にセクハラやパワハラをくり返す上司に対して不満を持っているなら、社長や人事部長に内部告発メールを送ればいい。

もちろん、フリーメールを使うなどして身元がわからないようにしておく必要があるが、口ではうまく説明できないような話でも、何度も推敲できるメールでならしっかり伝えることができるはずだ。

メールは経営トップに直接アクセス可能な、ほとんど唯一といっていい手段だ。うまく活用すれば、ひと昔前には考えられなかったような社内コミュニケーションが可能になるだろう。

「ここだけの話」をチラつかせろ

先に、ベル研究所のエリート研究員は、強力な人脈をたくさん持っているという話を紹介した。

しかし、学生時代ならともかく、大人になってからどうやって人脈を広げていけばいいかよくわからない、という人は多いのではないだろうか？

たとえば、子ども時代にはたくさんのゲームやマンガを持っていたら、それで友達を引き寄せることができた。「モノ」の力で友達をつくることができた。

しかし、大人になるとそうはいかない。

大人が「あいつは面白い」とか「また会いたい」と思う条件は、モノではない。あくまでも「情報」なのである。

いつも新鮮で刺激的な情報をもたらしてくれる人こそが「面白い人」であり、なんら目新しい情報も持たない人は「退屈な人」と見なされる。

そして有益な情報を持った「面白い人」同士が集まり、互いの持つ情報を交換するようになる。

いい人脈とは、こうやって広がっていくものなのだ。

よく「情報はアンテナを張っている人のところに集まる」と言うが、アンテナを張っている人のところには、**情報と一緒に人も集まってくるのである。**

そこで、有意義な情報をキャッチするコツだが、これはニッチ戦略にかぎる。

つまり、新聞はできるだけベタ記事から読むようにしたり、マイナーな新聞を購読したり、マイナーな専門誌を定期購読したりする。実際にやってみるとわかるだろうが、新聞の情報量はとてつもなく多い。1面や社会面ならともかく、国際面のベタ記事までしっかりフォローできている人など、ほとんどいない。

ちなみにニューヨーク在住の心理学者、ロバート・フリックによると、人の興味を引く最大の要素は「予想外の情報（新奇性）」なのだという。要は「人とは違った情報」をつかむことが肝心なのだ。

人脈は、基本的にギブ&テイクの原則で成り立っている。

あなたが有益な情報を提供できるようになれば、自然とあなたの周りに人が集まって、面白い情報を手に入れるようになるだろう。

それを何度もくり返すことによって、人が人を呼んで人脈は広がっていくのだ。人を探す前に、情報を探すこと。それが第一である。

偉人の名前や格言を完璧に暗記しろ!

もし、あなたが自分を大きく見せたいと考えているなら、ズルくて簡単な方法がある。ちょうど「虎の威を借る狐」ということわざのように、「虎の威」を借りてしまえばいいのだ。

人間社会における「虎」とは、古今東西の「偉人」たちだ。

偉人の名前を持ち出し、その言葉を引用する。

こうすると、それだけで相手はその言葉に「権威」を感じる。

しかも、それを引用したあなたに対しても権威や強さを感じてしまう。心理学で「権威効果」と呼ばれる働きである。

「カルロス・ゴーンも言ってるように、リーダーの条件というのは……」

「それを聞いて、坂本龍馬の言葉を思い出したよ。『世の人われをはなんとも言わば言え。わが為すことはわれのみぞ知る』ってね」

「スティーブ・ジョブズの有名な言葉に『ハングリーであり続け、愚かであり続けろ』というのがあるんだけど、まさにその通りだね」

こんな感じで引用すると、それだけで権威を感じさせるものなのだ。

ただし、引用には注意点がある。

たとえば次のような引用にはほとんど権威効果がない。

「えーっと、この前読んだ本で誰かが言ってたんだけど、つまりその、リーダーの条件というのは……」

「たしかドラッカーとか、誰かそんな人の言葉だったと思うんだけど……」

偉人の言葉を引用するときには、それを正確にスラスラと引用するからこそ、権威を感じさせることができるのだ。あいまいな記憶のまま引用していては、むしろ逆効果になる可能性さえある。

その意味で言うと、もっとも理想的な引用は次のような形になる。

「経営学者のピーター・ドラッカーによると、リーダーは……」

「ロシアの文豪、フョードル・ドストエフスキーの小説『罪と罰』に、こんな台詞があるんだよ」

つまり、引用する偉人の肩書きとフルネームをしっかり覚えて、できれば国籍や引

用元となる本の名前など、周辺情報も頭に入れておく。引用は、長ければ長いほど真実味が増していくのである。

これは筆者の原稿でも同じことが言える。

もし、筆者が最新の研究論文を紹介するときに「たしかアメリカのナントカっていう人が、こんな感じの実験をしてるんですよ」といった引用しかできなければ、読者は誰も信用してくれないだろう。

虎の威を借りるときは、その虎がどんな虎なのか、はっきり示さなければならないのである。

名刺交換した直後から相手を名前で呼べ

心理学系の雑学本などで、必ずと言っていいくらい紹介されるものに「カクテル・パーティー効果」という現象がある。

カクテル・パーティーのようなざわついた場所でも、自分の関心ある情報だけはすんなり耳に入ってくる、という不思議な現象だ。人には自分の「見たいもの」や「聞きたいもの」を選択的に知覚する働きがあり、これを「選択的知覚」と呼んでいる。そして、このカクテル・パーティー効果がもっとも起こりやすいキーワードのひとつが、名前である。

たとえば、新聞や雑誌をパラパラ斜め読みしていても、自分と同じ名字が書いてあるとハッと目が留まるものだ。

もちろん聴覚も同じで、**ざわついた人混みの中でも自分の名前を呼ばれると、すぐに気がつくものである。**

そのため、相手の名前を声に出して呼んであげることは、こちらに注意を向けさせる最善の策なのである。

また、相手の名前を呼ぶことには、もうひとつ大きなメリットがある。

アラスカ大学の心理学者、クリス・クラインケは男女の被験者に15分間会話をさせ、会話中に男性が話し相手の女性の名前を呼ぶ場合と、呼ばない場合の違いについて調査した。

その結果、会話の中で相手の女性の名前を呼んだ場合、その男性に対する印象は「外向的」で「フレンドリー」で、しかも「もう一度会いたい」という、かなり前向きなものになることがわかった。

われわれ人間は、他者から認めてもらいたいという強い欲求を持っている。これは承認欲求と呼ばれるものだ。

そして相手の名前を呼んであげることは「認められること＝承認されること」につながり、ひとつの報酬として機能する。これを専門的には「社会的報酬」と呼ぶ。

そう考えると、名前を呼んだだけで「外向的」「フレンドリー」「もう一度会いたい」といった印象を抱かせた理由もわかるだろう。

ところが、日本のビジネスシーンでは名前を呼ぶ習慣が意外なほど少ない。

特に管理職に対しては、課長や部長など肩書きで呼ぶことが多いし、営業先の相手には「御社では～」など、主語を会社にして語るほどである。

さすがに「御社」などという言葉ではカクテル・パーティー効果が生まれないし、社会的報酬ともなりえない。

そこで、今日からは名刺交換をした瞬間から名前で呼ぶようにしよう。

相手が管理職であれば「鈴木部長」や「田中課長」など、名前と役職をくっつけてしまえばいいのである。

また、さらなる人たらしになりたければ、交渉相手の奥さんの名前、子どもの名前、さらには犬や猫の名前まで、すべて暗記しておくべきである。

そして会話の中で何気なく「そういえば、優子ちゃんはもう小学校にご入学されたんですか?」とか「フレンチブルドッグのジョン君も大きくなったでしょうね」などと、名前を呼んであげる。

ここまでできれば、もう相手はあなたの手の平に乗ったも同然である。いかようにも転がして、交渉を優位に進めよう。

話の「前提」を操作して暗示をかけろ！

暗示というと、どうしても催眠と混同して「薄暗い部屋で、怪しげな催眠術師が目の前に5円玉をぶら下げて……」といったイメージがあるようだ。

しかし、もちろん暗示に5円玉などの小道具は必要ない。そして日常的な会話の中で簡単にかけることができる。

こんなデータを紹介しよう。

コロラド大学の心理学者、リビア・ギルストラップが3歳から6歳の子どもを対象におこなった実験である。

まず最初に子どもたちをＡＢＣの3グループに分け、それぞれに2分間のビデオを見せる。ビデオの内容は赤い服を着た大人の男性がギターを弾いているというものだ。

そしてビデオ鑑賞後、各グループの子どもたちにこう質問する。

Ａ「男の人が着ていたのは赤いシャツでしたよね？」（リーディング）

Ｂ「男の人が着ていたのは青いシャツでしたよね？」（ミスリーディング）

Ｃ「男の人は何色のシャツを着ていましたか？」（中立）

すると、グループＡとＣの子どもたちは「赤」と答えたのに対して、グループＢの子どもたちは「青」と答えてしまったのだ。

こうやって前提を操作して相手を誘導する技法のことを、心理学では「リーディング」と呼んでいる。

たとえば、洋服店の販売員がこうやって試着を勧めてきたとしよう。

「こちらのシャツ、お客様なら絶対お似合いになると思いますよ」

そして実際に試着をしてみると、なんとなく「似合わない」とか「好きじゃない」とは言いづらくなる。そして似合っている気がしてくるのだ。

料理にしても「きっとお客様のお口に合うと思います」と言ってから出されると、食べてみてもなんとなく「口に合う」ような気がする。

あるいは、本の前書きなどに「賢明なる読者諸氏ならご理解いただけるだろうが……」といった一文が入っていると、なんとなく「理解」するようになってしまう。

いずれも「受け入れることを前提として」洋服や料理を出してくるのだ。

また、もっと一般的な例になると次のような「前提」がある。

「みなさんご存じのように……」

「もはや世界的な常識でもありますが……」

「言うまでもございませんが……」

このように、社会的に広く認められていることを匂わせる前提が入ると、なんとなく受け入れざるをえなくなる。

これはリーディングとは別に「前提暗示法」と呼ばれるテクニックで、政治家のスピーチ原稿や、作家のエッセイなどでも頻繁に使われている。

だからあなたも、たとえば会議でなにかを提案するときに「まあ、反対する方はいないと思いますけど」と軽くリーディングしてみたり、合コンで女の子と話すときに「たぶん、これから長い付き合いになると思うんだけど」とリーディングするなどして、相手の心を誘導していこう。

暗示の面白さがわかってくると、クセになるはずだ。**効果が絶大なぶん、くれぐれも悪用しすぎないよう、ご注意いただきたい。**

「掃除しろ！」より「キレイ好きだね」で人を動かす

嫌な仕事を誰かに投げたいとき、もっとも効果的なのが「相手の心にレッテルを貼りつける」というテクニックである。これも暗示の代表的な手法なので、ぜひマスターしていただきたい。

データを先に紹介しよう。

ノースウェスタン大学の心理学者、リチャード・ミラーによる実験だ。

ミラーは公立小学校を訪れ、小学生相手に授業をおこなった。

このとき、あるクラスの子どもたちには「みんなキレイ好きなんだね」と声をかけた。

また別のクラスの子どもたちには「ゴミを散らかしたらダメだよ」と説得した。

そして8日後、子どもたちがどれくらいゴミを拾っているか調べたところ、次のような結果が判明した。

- 「キレイ好きだね」と言われたクラス……82％がゴミを拾う
- 「ゴミを散らかしたらダメ」と言われたクラス……48％がゴミを拾う
- なにもしなかったクラス……27％がゴミを拾う

もちろん、「みんなキレイ好きなんだね」と言われたクラスの子どもたちは、本当に元からキレイ好きだったわけではない。ただミラーから「キレイ好き」というレッテルを貼られただけなのだ。

このように、相手に「あなたは○○な人だよね」というレッテルを貼りつけ、そのとおりの行動を促していくことを「ラベリング効果」と呼ぶ。

ラベリング効果の使い方は簡単である。

たとえばあなたが数字が苦手で、データ入力作業を誰かに任せたいとしよう。だっ

たら、近くでデータ入力している後輩を誰でもいいからつかまえて、

「お前って本当に数字に強いよな！」

「データ入力してる姿なんか、活き活きしてるもんな！」

「安心して任せられるよ。すごい才能だ！」

と褒めちぎるのである。

これを何度かくり返してやれば、もう完全にレッテルの貼り付け完了だ。後輩は喜んでデータ入力作業をこなすようになるだろう。

そして「よかったら、このデータも入力してもらえる？」と軽く振ればいい。後輩は嫌な顔ひとつ見せず引き受けてくれるはずだ。

あるいは、もっと漠然とした使い方でもかまわない。

後輩に対して「お前は本当に真面目だし、優しいヤツだよな」とレッテルを貼りつける。**すると、あなたが多少面倒な仕事を振ったときにも「真面目で優しい自分」というレッテルに従って行動するので断れないし、恨む感情も起こらない。**

ちなみに、ラベリング効果がもっとも発揮され、もっとも慎重に扱わなければならないのが子育てである。

「そんなことしてると、ロクな大人になれないわよ！」

もし、親がこんな言葉で子どもを叱っていたら、その子の心には「ロクな大人にならない」というレッテルが貼られ、本当に不幸な将来を迎えることになってしまう。

一方、長所をほめながら育てた子どもは、本当にすくすくと長所を伸ばしていく。

もちろん、子育ての中では叱る場面も必要ではあるが、自分の言葉がどんなレッテルを貼っているのかについては慎重すぎるほど慎重であらねばならないのだ。

不同意は「NO」と言わず「質問」で返せ

仕事をしていると、上司から面倒な仕事を頼まれたり、取引先から不利な条件を提示されたりと、「断る力」が問われる場面が多々出てくる。

しかし、正面から堂々と断るのは、かなりの勇気が必要だろう。

相手を怒らせるかもしれない、嫌われてしまうかもしれない、二度といい仕事を回してもらえないかもしれない、険悪な雰囲気になって会社に居づらくなるかもしれない。このように、お人好しキャラの人ほど悪い想像をめぐらせ、渋々引き受けてしまうことが多いのではないだろうか。

そこで紹介したいのが、正面から断らず、なんとなく不同意を匂わせるというテクニックである。

ベルギーにあるカソリック・ルーベン大学の心理学者、マリオ・パンデラーエによると、次のような文章は、どちらも同じニュアンスを伝えられることがわかっている。

①それだと採算が合いません（否定文）
②それで採算が合いますか？（疑問文）

つまり、正面から「NO!」と断らずとも、疑問形をうまく使うことで不同意のニュアンスを伝えられるのである。

身近な例を挙げてみよう。

たとえば上司から出張を命じられたとき、堂々と「行きたくありません」とは言えないだろう。しかし、「僕じゃなきゃダメでしょうか?」と尋ねたり、「そろそろ○○君に行かせてみませんか?」と後輩の名前を挙げるのは、さほど難しくない。

しかも、これでなんとなく「行きたくない」というニュアンスを匂わせることができるのである。

あるいは筆者の場合、雑誌などの取材を受けるとき、顔写真を撮影されるのがあまり好きではない。そのため写真をお願いされたら「うーん、それよりも新刊の近影ではダメでしょうか?」と尋ねることが多い。別に断っているわけではないのだが、これでも筆者の伝えんとするところは理解していただけているようである。

また、断るときだけでなく、仕事を頼むときにも疑問形は大いに役立つものだ。

たとえば「あの報告書、ちゃんとやっておけよ!」と命令するのではなく、「あの報告書、ちゃんと間に合うよな?」と質問する。

あるいは「お詫びに行ってこい!」と命令するのではなく、「お詫びに行ったほうがいいんじゃないか?」と質問する。

こうやって同じメッセージを質問調に置き換えるだけで印象が柔らかくなるし、なによりも押しつけられている感じがなくなり、むしろ自分で選んでいるような錯覚さえ抱かせるのだ。

正面きって断ったり命令したりするのが苦手な人は、積極的に使っていこう。

4章

抜け目ない立ち回り術 タヌキ親父の処世術

傭兵が戦場に留まるのは、
ほんの一握りの給料が目あてで、
ほかになんの動機も、愛情もない。

『新訳 君主論』より

組織の中でズルく生き残るコツ

・成功したら自分のおかげ、失敗したら誰かのせい。
他人の成功はみんなのおかげだ。失敗したら堂々と言い訳しろ！

・優秀なヤツとコンビを組むな。
できるだけダメな部下を連れて、自分の優秀さをアピールしまくれ！

・自分の意見を「みんな」の意見にすり替えろ！
主語が「みんな」に変わるだけで、誰も反対できなくなる！

・鋭い質問に対しては「君はどう思う？」と質問返ししろ！
そして相手の答えに後出しジャンケンするのだ！

・部下に面倒な仕事をやらせる方法。
まず最初に「ほんの少しだけでもいいから」と頼み込め！
そして部下の自発的行動を促すのだ

・人脈をつくるコツは「ギブ&テイク」だ！
まずは自分からありったけの恩を売っていけ！
そして大きな「テイク」をいただくのだ！

・神経の図太い部下を選んで、みんなの前で叱り飛ばせ！
それだけで部署の全員が気合いを入れ直すことになる！

成功を独占して、失敗は他人に押しつけろ！

仕事の中で、もっともズルさが求められるのは意外と会社の中かもしれない。

どんな規模の会社であれ、社内の人間関係は複雑だ。右を立てれば左が立たず、左を立てれば右が立たずで、バランスよく立ち回るのは難しいものである。

そこで本章では、会社という組織の中でいかにズルく立ち回るべきなのか、対上司・対部下それぞれの戦略などを踏まえながら紹介していこう。

まず最初に確認しておきたいのは、組織における成功と失敗のルールである。今日からは、次のような意識を持ってもらいたい。

- **自分の成功→自分のおかげ**
- **自分の失敗→誰かのせい**
- **誰かの成功→みんなのおかげ**
- **誰かの失敗→その人のせい**

もちろん、これは口に出す必要はない。心の中でそう思っていれば十分だ。

一見するとひどい思考回路だが、仕事をこなしていく上でのストレス面から考えると、これがいちばん望ましいのである。

フロリダ大学の心理学者、ジェームズ・シェパードは言い訳について、次のような実験をおこなっている。

まず、被験者となる大学生たちをAとBの2グループに分け、それぞれにコーヒーを飲ませた。それから両方の学生たちに知能テストを受けてもらうのだが、あらかじめ次のように伝えた。

・グループA「さっき飲んだコーヒーには、かなり強いカフェインが入っているから、テストの成績が悪くてもカフェインのせいだよ」

・グループB「さっき飲んだコーヒーには、カフェインが入っていないから、テストの成績には影響しないよ」

そして知能テストの終了後、それぞれの学生に心理テストをおこなって自分自身にどれくらい楽観的な評価を下しているか調べたところ、次のような結果が出た。

・グループA🠋64％
・グループB🠋40％

つまり、知能テストの結果を「どうせカフェインのせいだ」と言い訳できる人は楽観的になれるものの、言い訳の余地がない人は楽観的になれないのだ。

仕事をしていると、失敗することなんて山ほどある。小さな失敗もカウントするなら、ほとんど毎日が失敗の連続だ。

このとき、すべての責任を自分で引き受けようとしたら、完全にパンクしてしまう。むしろ適度にガス抜きしながらやっていかないと、仕事なんてやってられないのだ。

失敗したら「誰かのせい」というのは、別に特定の個人を割り出す必要はない。それこそコーヒーのせいにしてもいいし、満員電車のせいにしてもいい。あるいはたまたま運が悪かったんだと、運のせいにしてもいい。

とにかく自分を責めずに済むような回路をつくっておいて、さっさと忘れて次に切り替えることが大切だ。

また、誰かの成功を「みんなのおかげ」と考えると、つまらない嫉妬心を抱かずに済む。そしてチームとしての一体感を高めることもできる。

同僚が大きな契約をとってきたら、「俺たち、よくがんばったな！」とみんなでお祝いしよう。

もちろん、自分の成功についても「自分のおかげ」と考えるべきである。そうすることによって、もっとがんばろうという向上心が芽生えてくるのだ。

自分の右腕には ダメな後輩を選べ

リーダーシップに関する本を読むと、必ずと言っていいほど「右腕」や「参謀」の重要性が語られている。マキャベリの『君主論』でも「ある君主の頭脳のよしあしを推測するには、まず最初に君主の側近を見ればいい」と語られているくらいだ。

しかし、これはあくまでもリーダーの話だ。

まだリーダーでない人は、有能な側近など選ばずに、あくまでもダメな後輩とタッグを組むことだ。

なぜなら、人間の評価とは相対的なものだからである。

たとえば、あなたの実務能力が70点だったとしよう。このとき、実務能力90点の秀才と一緒に行動していたら、あなたの相対評価は「マイナス20点」になる。

一方、50点の後輩と一緒にいると、それだけで「プラス20点」に見える。

どちらが得をするかは、考えるまでもないだろう。

そしてなにより、自分より優秀な人物と一緒にいると、自信がなくなってしまうのだ。

ちょうどいいデータがあるので紹介しよう。

オランダのティルバーグ大学の心理学者、ダーク・スメスターズは女子大生を集めて面白い実験をおこなっている。

女子大生たちは、みな「広告を評価する実験」だと聞かされて集まっている。

そして彼女らを2つのグループに分け、一方のグループには美人なモデルさんが登場する広告を4枚見せて、もう一方のグループには不美人なモデルさんが登場する広告を同じく4枚見せた。

そして実験終了後、それぞれの自尊心を測定するテストをおこなったところ、美人モデルを見せられた学生たちは自尊心が低く、不美人なモデルを見せられた学生たちは自尊心が高くなっていることがわかった。

要するに、自分よりも上の人を見ていると自尊心が下がり、自分より下の人を見ているると自尊心が高くなるのだ。

専門的には、この「自分より下にいる人を見て満足する」という心理を「下方比較」と呼び、反対に「自分より上にいる人を見て奮起する」という心理を「上方比較」と呼んでいる。

当然ながら、下方比較には問題も多い。

最大の問題は「下を見て満足する」ために、現状に満足して向上心がなくなっていく、というところだ。

ただ、この点さえ注意しておけば、下方比較できる相手がいつも側にいるのはハッピーなことである。

なお、筆者は組織の中で楽しく生きるには、「鶏口牛後」であることが望ましいのではないかと考えている。

鶏口牛後とは、司馬遷によって編纂された歴史書『史記』に登場する「鶏口となるも、牛後となるなかれ」という言葉の四字熟語だ。

「大きな組織のお尻（牛後）にいるくらいなら、小さな組織のトップ（鶏口）に立て」

といった意味になる。

そう考えると、「できない上司」も「ダメな会社」も、すべてが「鶏口」になる大きなチャンスなのだ。

普段、居酒屋で会社の愚痴ばかりこぼしている人は、ぜひ自分の恵まれた環境を再認識していただきたい。

自分の意見を「みんな」の意見にしろ

あなたが電車に乗っているとき、隣にヘッドフォンをかけて大音量で音楽を聴いている若者がいたとしよう。うるさくてかなわないし、イライラする。

しかし、下手に注意したら逆恨みされそうだ。

こんなとき、もっとも効果的な方法は、主語を「わたし」から「みんな」に変えてしまうことである。

つまり、**ただ自分の意見として「迷惑ですよ！」と注意するのではなく、みんなを代表したかのように「みんな迷惑していますよ！」と注意するのだ。**

こうして「みんな」を持ち出されると、相手も反発しづらくなるし、素直に言うことを聞く。これは先に紹介した「多数派の論理」であり、また「同調効果」と呼ばれる働きである。

さて、この同調効果は組織の中でこそ、大いに活用できる。

たとえば、朝礼に遅刻してきた生意気な新人に対して普通に「なにをやってるんだ！」と怒るのでは効果が小さい。

「なにをやってるんだ！　みんなお前を待ってたんだぞ！」

こうやって「みんな」を持ち出すと、さすがの新人も責任を痛感するだろう。

そして彼が謝ったら「俺に謝るな！　みんなに謝れ！」と追い打ちをかけるのだ。

あるいは、勤務態度の悪い後輩に対して、「ほかのみんなも言ってたんだけど、最近のお前はさあ……」と叱るのも効果的である。

たったひと言「ほかのみんな」を持ち出すことで、単なるお説教ではなく、みんなの総意を伝達しているかのような印象を与える。

また、企画会議のときに「えー、これはみんな面白いと言ってくれたんですけど」と、ウソの前置きを入れてから説明をはじめる。これも同調効果をもたらす、ちょっとしたテクニックである。

あなたひとりの意見では動いてくれない人たちも、ただ主語を「みんな」に変えるだけで動いてくれるようになる。

上司に意見するときも「みんな」を持ち出せばなにも怖くない。むしろ、あなたの背後にいる「みんな」に、上司のほうが怯えてしまうはずである。

言いづらいこと、強調したいことは、なるべく主語を「みんな」にしよう。

困った質問には「君はどう思う？」で逃げる

上司や先輩であれば、部下・後輩からの質問にはすべて答えてあげたいと思うものだ。これは部下たちのためでもあるし、自分の威厳を保つためでもある。

しかし、ときとして彼らは本質をズバッと突いた質問をしてきたり、かなり高度な質問をしてくることがある。

そんなときには、間髪入れず「君はどう思う？」と質問返しするようにしよう。

この後出しジャンケンとも言える返答のメリットは、大きく４つ挙げられる。

・メリット①　相手が答えているあいだに考えられる

・メリット②　答えに困ってる姿を見せずに済む

・メリット③　相手の意見を盗むことができる

・メリット④　相手が喜ぶ

このうち、メリット④については説明が必要だろう。

オランダのテイルビュルク大学の心理学者、デ・クレマーはさまざまなタイプの上司について、部下たちはどんな印象を持つのか調査した。

その結果、好感度が高いのは「部下に発言の機会を与え、発言を認めてくれる上司」であることがわかった。

つまり、**苦し紛れの「君はどう思う?」であっても、部下は発言の機会を与えられたことに喜びを感じるのである。**

また、クレマーによると、こうして部下に発言の機会を与える上司は、周囲にいる人たちからの評価も向上することがわかった。これは心理学で「観察者効果」と呼ばれる働きである。


このほか、筆者が講演会の質疑応答などでよく使うものに、

「いい質問ですね」

「そういう意見が出てくると思っていました」

「たしかに、おっしゃるとおりです」

などの無意味なつなぎ文句がある。

これらで時間稼ぎをしたあと、言葉をつないでいけば問題ない。

いちばんよくないのは「えーっと、つまり……それは、そのぉ……」といった間を空けてしまうことである。

特に仕事の本質に関わるような部分の質問に、こうした間を空けてしまうと、部下からの信頼はガタ落ちになってしまうだろう。

ちなみに、筆者の知り合いの編集者さんは小学生のとき、担任の先生に「人間はなんで生きているんですか?」と聞いたことがあるそうだ。

するとその先生は「○○君はなぜだと思う?」と聞き返した。

彼はしばらく考えたあと「子孫を残すためだと思います」と答えた。

先生は「じゃあ、子孫を残すためなのよ」とにっこり微笑んだのだという。

瞬時にこういう対応ができるようになれば、一人前である。

お世辞に「中身」はいらない！

上司に対してお世辞を使うとき、どんな言葉で褒めたものか頭を悩ませる人は多いのかもしれない。

ただ、お世辞については大きな原則がある。
まずひとつは、褒められて嬉しくない人はいない、ということ。

そしてもうひとつが、われわれは褒め言葉の内容ではなく、「褒めてもらうという行為そのもの」に対して喜びを感じる、ということだ。

ユタ州立大学の心理学者、ジョン・セイターの実験を紹介しよう。

セイターは、ヘアサロンで働く2人の美容師に協力してもらい、褒め言葉がもたらす効果について面白い実験をおこなっている。

美容師たちはそれぞれポケットに3枚のコインを入れている。

そしてお客さんがくるたびにコインを取り出し、コインの種類によって、次のような褒め言葉で接客してもらった。

- Aのコイン……褒め言葉なし
- Bのコイン……「キレイな髪ですね」
- Cのコイン……「どんな髪型もお似合いですね」

その結果、お客さんがチップを支払う度合いはAが9・14ポイント、Bが12・83ポイント、Cが12・51ポイントだった。

なお、この場合のBとCの数字には統計的な優位差はなく、ほぼ同一の効果だったのだと判断できる。

この実験からもわかるように、**お世辞は「褒めること」が大事なのであって、その言葉はさほど意味を持たない。**

つまり、歯の浮くような美辞麗句をあれこれ並べ立てるのと、ただ単純に「さすが、すごいですね！」と褒める場合も、大きな違いはないのである。

ちなみにこれは一般論だが、女性に対するプレゼントも「値段」よりも「気持ち」が大事だと言われることが多い。

ダイヤモンドの指輪だろうと、２０００円の花束だろうと、そこに込められた「気持ち」が同じなら、もらう側の喜びも同じなのである、と信じたい。

「ほんの少しでいいから」と頼め

部下に面倒な仕事を頼むとき、心理学のちょっとしたテクニックを使うと、簡単に引き受けてくれるようになる。

まず紹介したいのが、訪問販売などの世界で頻繁に使われる「フット・イン・ザ・ドア」という手法だ。日本語に訳すなら、ちょうど「片足でもドアに突っ込めば中に入れる」といった意味合いになる。

たとえば新聞の勧誘で考えてみよう。

新聞勧誘員は、まず最初に「1カ月だけでいいので、人助けだと思ってよろしくお願いします！」と低いハードルを提示する。

そして、これを「1ヵ月だけならいいか」と承諾したら、相手の思うツボである。

無事に契約を取りつけた勧誘員は、あなたの警戒心が解けてきた段階で、ハードルをもう一段上げてこう提案してくる。

「もしよろしければ、3ヶ月契約に延長していただけませんか？　そうすれば洗剤も野球のチケットも、遊園地の割引券もつけられますので」

こうして文面だけ読むと、誰だって「冗談じゃない！」と思うだろう。

しかし、一度承諾して心のドアを開けてしまった相手には、なんとなく第2の要求も断りにくくなるのだ。多くの人たちは、これも承諾してしまう。

ただし、この手法はかなりの「ダマされた感」が出てしまうので、部下に使うのはあまり向かない。

そこで紹介したいのが「イーブン・ア・ペニー」と呼ばれるテクニックである。イーブン・ア・ペニーを訳せば「1ペニーでもいいから」となる（1ペニーは英国の通貨で100分の1ポンド）。

このテクニックの特徴は、**とにかく下手に出て低い条件をお願いすることである。**

たとえば、部下に残業してほしい場合に「本当にすまん、1時間でいいから残業していってくれないか?」と頼む。

そうすると、大抵の部下は素直に受け入れてくれる。たった1時間なのだし、そこまで下手に出られたら断りづらいものだ。

しかし、ここで非常に面白い現象が起こる。

残業を始めた彼は、なぜか1時間では帰らないのだ。

どうせ乗りかかった船だということで、頼まれてもいないのに自発的に2～3時間の残業をしてしまうのである。

もちろん、これはすべて「自発的な残業」なので、あなたを恨む気持ちなんて残らない。むしろ「今日はいいことをしたな」と自尊心をくすぐられて、得意気になっているくらいなのである。

1回だけブチ切れしておけ

キレるという言葉が一般的になってから、もう10年以上になるだろうか。

もともと、怒りっぽい人は昔からいる。学校にも職場にも、とにかくガミガミ怒鳴り散らしている人は昔から多かった。

しかし、そういう「怒りっぽい人」は、じつはあんまり怖くない。

というのも、われわれは同じ刺激を何度も受けていると、耐性ができて鈍感になってくるのだ。怒りっぽい人が大騒ぎしていても「ああ、またやってるよ」という程度にしか感じなくなるのである。

しかし、キレるというのは少し違う。

普段は温厚で大人しい人が、なにかの拍子に豹変する。それこそ配線がキレたようにまったくの別人格になって怒り出す。

このギャップの激しさと予測不可能性が、最大の恐怖なのだ。

上司にとって、部下から嫌われることはなるべく避けたいものだが、それ以上に避けたいのは「バカにされること」や「ナメられること」である。

1度ナメられてしまうと、その評価を挽回するのはかなり難しくなる。優しいだけの上司では、部下は指示を聞いてくれないのだ。

たとえば広告の世界でも、もっとも説得効果が高いのは、見る者の恐怖心をあおる広告であることがわかっている。恐怖心をあおるとは要するに、

「そんな食生活では太ってしまいますよ」

「このままだと病気になりますよ」

「そんなことでは異性にモテませんよ」

「このままだと出世できませんよ」

「このままでは結婚できませんよ」

こうしたメッセージを送る広告がもっとも多く、また説得効果が高い。これとは逆に、明るくユーモラスな広告では、説得効果が低いのだ。

そこであなたも、1度でいいから思いっきりキレておこう。どんなタイミングでもいいし、もちろん演技でかまわない。大きな音で机を叩き、机の上の書類をぶちまけ、顔を真っ赤にして、怒鳴り散らすのだ。

部下にとって、もっとも恐ろしい上司とは「普段は優しいけど、怒らせると怖い」という人物なのである。

それでは、どういう場面でどういう部下に怒るべきなのか？

わかりやすいデータがあるので紹介しておこう。

オランダにあるエラスミス大学の心理学者、フレデリック・ダーメンはリーダーの怒りがメンバーたちにどのような影響を及ぼすのか、こんな実験をおこなった。

実験に協力してもらうメンバーには、パソコンやプリンタなどを箱に詰める作業をおこなってもらう。

そのとき、リーダーが怒りながら指示を出すと、「やる気のない人」の作業効率は上昇し、「やる気のある人」の作業効率は低下した。

一方、リーダーが楽しそうに指示を出すと、「やる気のない人」の作業効率は低下し、「やる気のある人」の作業効率は上昇した。

つまり、やる気のない人間は叱り飛ばし、やる気のある人間は優しく見守るのがいちばんなのである。

嫌な仕事をかわす3カ条

嫌な仕事は、どうすればうまくかわすことができるのか？

これは「ズルい人」という本書のテーマに深く関わる問題だ。細かい説明はあとにして、データから先に紹介しよう。

ワシントン州立大学経営学部のトーマス・ベッカー教授は、学生たちを対象に次のような質問を投げかけた。

ここにメアリーという、ひとりの女性がいる。メアリーは働けば働くほど、たくさんの仕事を押しつけられる。さて、メアリーはどうしたらいいだろうか？

ここで学生たちの多くが答え、なおかつ専門家によって有効性が確かめられた方策は、上から順に次の３つだった。

①人に頼む……他者にやってもらう

②逃避……仕事を休む、など

③弱みを誇張する……わたしはミスをしやすい、自分には不向きとアピールする、など

また、いちばんよくない方策は「拒否する」だった。

ここで問題になるのが、「どうやって人に頼むか」というところだ。

人にやってもらえないから苦労しているのであって、これではなんの解決策にもならない、と思う人は多いだろう。

まず、人にやってもらうためには、それだけの人脈が必要である。社内に気心の知れた仲間がひとりもいないというのでは、頼めるはずもない。

そして強固な人脈をつくるには、優しくして、とにかくたくさんの「恩」を売っておくことだ。相手の仕事を手伝ってあげたり、相手のミスをカバーしてあげたり、普段からたくさんの恩を売っておく。

そうすると、相手の心の中には、なんとなくモヤモヤしたものが残る。

人間関係は基本的に「ギブ&テイク」で成り立っているため、自分ばかり「テイク」していると、どこかで「ギブ」をしたくなるのだ。

そしてあなたが困ったとき、その人に援助を求めたら相手は喜んで引き受けてくれるだろう。これまであなたから受けた恩恵を返すことで、ようやく「ギブ&テイク」

が成立し、気分がスッキリするからだ。

結局、いい人脈というのはこうした「ギブ&テイク」によってしか続いていかないし、恩を売ったこともない相手に嫌な仕事を頼んでも、引き受けてくれるはずがない。将来的にラクをしたければ、まずこちらから恩を売っておくことだ。恩を売るという言葉に抵抗があるなら、ひたすら「ギブ」をしていくことだ。

遠回りに見えるかもしれないが、これが人に恩を売るいちばんの近道なのである。

割り勘の端数は積極的に払え！

会社の中での立ち回りといえば、酒の席を忘れるわけにはいかないだろう。

ここでは特に、お金の問題について考えておきたい。

まず、上司の中には「部下や後輩と飲むときには自分がすべて奢るべきだ」と考えている人も多いだろう。豪快に奢ってやることによって、自分の強さや気前のよさをアピールしようというわけだ。

しかし筆者は、この考えには同意しない。

人は全額を奢られると、どこか恐縮した気持ちになって、純粋に楽しめなくなるからである。**たとえ新人を連れて飲みに行くときでも、1000円でいいからお金を払わせるべきだろう。**

そして新人以外の部下や後輩と飲みに行くときには、基本的に割り勘ベースで考えたほうがいい。

ただし、割り勘の端数については自分が払うようにしよう。10円単位や1円単位できっちり割り勘をするのは、神経質すぎる印象を与えてしまう。

そしてなにより、部下や後輩、あるいは同僚よりも「ちょっとだけ多く」払っていることが、あなたの自尊心も満たしてくれるのだ。

男性の自尊心と金銭の関係について、ちょっと面白いデータを紹介しよう。

ネブラスカ大学の心理学者、ビン・ホワイトは2000名以上の既婚者の追跡調査をおこない、彼らが離婚する場合、どんなタイミングで離婚に至るのか調べた。その結果、もっとも多いのは「奥さんの収入が自分よりも増えたとき」だったのである。

男性は奥さんの収入が自分より多くなったとき、頭が上がらないような負い目を感じるようになる。そして徐々に気が滅入って精神的に落ち込むようになり、最終的には離婚にまで至るというのである。

ちなみに、この調査でわかった夫婦円満の秘訣は「家を購入すること」と「友達を共有すること」だったという。

そう考えると、割り勘の端数を５００円や１０００円多く払うことで自分の自尊心を買えるのなら、これはとんでもなく安い買い物だろう。しかも部下や後輩が少しでも感謝してくれるなら、これほどいいことはない。

1人を叱れば全員を動かせるようになる

これは心理学の教科書には必ず書いてあるくらい基礎的な話なのだが、われわれ動物の行動には「強化の原理」という大原則がある。

次のように、ごくシンプルなものだ。

・ご褒美（報酬）を与えられた行動は増える

・罰を与えられた行動は減る

たとえば犬が芸を覚えるのも、犬用トイレでおしっこをするのも、この「強化の原理」のおかげなのである。

しかし、人間には動物にない、もうひとつの原理が働いている。「暗黙の報酬」と「暗黙の罰」という原理だ。

どういうものかというと、「自分以外の人間がご褒美をもらっている行動」は増えるし、「自分以外の人間が罰を与えられた行動」は減るのだ。

たとえば、小学校で誰かが廊下を走っていて先生に叱られる。するとそれを見ていた他の子どもたちも、廊下を走らなくなる。これを「暗黙の罰」という。

一方、誰かが横断歩道で手を挙げて渡っていると先生から褒められる。するとそれをみていた他の子どもたちも、横断歩道では手を挙げて渡るようになる。これを「暗黙の報酬」という。

さて、この「暗黙の罰」を使うと、組織の管理は非常にラクになる。

たとえば、最近部署の中で遅刻が増えてきているとしたら、部署のみんなが見ている前で、誰かひとりを叱り飛ばそう。そうすれば暗黙の罰となって、部署の全員が遅刻しないよう努力することになる。

このときの注意点としては、みんなの前で叱られても腐ったりすることのない、ある程度神経の図太い部下を選んで叱ることだ。繊細な部下をみんなの前で叱ると、ショックからしばらく立ち直れなくなることもある。

ちなみに、V9時代の巨人軍・川上哲治監督は、いつも長嶋茂雄さんを叱られ役に選んでいたそうだ。

当然、長嶋さんといえば球界を代表するスター選手である。川上監督は、その長嶋さんを事あるごとに叱り飛ばしていた。もちろん若手選手の見ている前で、だ。

そうすると「あの長嶋さんでも叱られているんだ」ということで、若手選手は自発的に身を正すようになる。

そして幸運なことに、長嶋さんは叱られれば叱られるほど、発奮して気合いを入れていくタイプだったそうだ。

まさに暗黙の罰を使うには、理想的な関係だったわけである。

ズルい人の自己アピール術

組織の中で自分の存在をアピールしていこうとするとき、どのような方法をとるのが効果的なのだろうか？

当然ながら、アピールとはとにかく目立てばいいというわけではない。

もともとアピールには語源的に「心を奪う」という意味があるのだ。ガヤガヤと騒いで目立とうとする人間は、心を奪うどころか単なる「ウザイ」存在にしかなれない。

そこで効果的なアピール方法を５つに絞って紹介しよう。

ノースダコタ州立大学の心理学者、メリッサ・ルイスがまとめた効果的な自己アピールである。

①自己宣伝

自分のいいところだけを宣伝すること。自分の持っている知識量や自分の実績など、ポジティブな情報だけをアピールする

②言い訳

失敗した自分を正当化すること。特に「外的要因」を持ち出して自己正当化する。「電車が遅れた」「台風が来てしまった」「運が悪かった」など

③セルフハンディキャップ

「時間がなかった」とか「前の日に徹夜してしまった」「忙しすぎた」など、自分の「内的要因」を持ち出して自己弁護すること

④ブラスティング

ライバルの否定的部分・欠点などを誇張して、相対的に自分の地位を高めること

⑤哀願

自分にはできないから助けてくれと他者にすがること

ざっと見ていただいておわかりのように、正面切って正々堂々と勝負しているのは①のみで、残りの②から④までは、いずれも「ズルい」話である。

組織の中での評価は「結果」のみで決まるわけではない。

むしろ「結果が出せなかったとき、どうやってリカバリーするか」という場面でこそ、その人のマキャベリ的知性が問われるのだ。

5章

まやかしの自己演出
えげつない舞台演出

国を維持するためには、信義に反したり、
慈悲にそむいたり、人間味を失ったり、
宗教にそむく行為をも、たびたびやらねばならない。

『新訳 君主論』より

自己演出でズルさを発揮するコツ

・人は持ち物（服、小物、車、家など）までを含めて「自分」だ。ハリウッドスターがバカでかいリムジンに乗るのは、自分をバカでかく見せるためだ！

・どんなイケメンでも3日もすれば飽きる！初対面は外見で、2回目以降は性格をアピールしろ！

・オープンテラスのビジネスランチで商談せよ。開放的な空間は、相手の心まで開放的にさせてしまう！

・大きな音は人間の本能に擦り込まれた恐怖だ。交渉中に巧みに「音」の演出をしながら相手に「YES」と言わせろ！

・焦りは判断を狂わせる！
時間的プレッシャーを与えて、相手を思考停止状態に追い込め！
・うつ気味で気分が落ち込んでいるときには服や万年筆を買え！
拡張自我の色を塗り替えるのだ！
・スーツのジャケットを脱ぎ、シャツの袖をまくれ！
ネクタイを緩め、可能であれば外してしまえ！
心を開いているサインをあらゆる箇所から投げるのだ！

性格、外見、大切なのはどっち？

いよいよ最終章である。

ここまでの章では、ズルさという観点から「いかに演技すべきか？」について、さまざまなテクニックを紹介してきた。

それに対して本章のテーマは「いかなる舞台装置を用意すべきか？」といったところになるだろう。**演技の効果をより確かなものにするための舞台装置、衣装、照明、小道具など、さまざまなテクニックが紹介できるはずである。**

アカデミー賞に参加するハリウッドスターたちは、笑ってしまうくらい大きなリムジンで会場に乗りつけ、レッドカーペットの上を威風堂々と歩いていく。

なぜ彼らはあんなに大きなリムジンに乗るのか？

心理学者として説明するなら、こうなる。

彼らがいちばん自分を華やかに見せたい場所は、レッドカーペットである。

ここでどれだけ堂々と歩けるか、ハリウッドスターとしてのオーラを見せつけられるかが勝負なのだ。

そしてレッドカーペットで堂々と振る舞うためには、小型車でやってきてはいけない。どでかいリムジンから降りてくるからこそ、堂々とできるのだ。

なぜなら、あの大きなリムジンに乗っているとき、ハリウッドスターの自我はまさしくリムジンと同じ大きさにまで拡張しているからである。

じつは、心理学の世界には「拡張自我」いう言葉がある。

自我とは、要するに自分自身のこと。そしてわれわれ人間は、「自分の居場所・持ち物までが〝自分〟」なのだと考える。

ブランド物の高級腕時計をはめていれば、その腕時計まで含めて〝自分〟だし、大きなベンツに乗っていれば、そのベンツまで含めて〝自分〟となる。

人間は、こうやって自我を拡張しながら考えるものなのだ。もちろん、安っぽい服装をしていれば、それを含めて〝自分〟になってしまう。

そうやって考えると、あの笑ってしまうほど大きなリムジンの理由もわかるだろう。

彼らは大きな車がほしいのではない。

ただ、大きな自信がほしいのだ。

ウェイン州立大学の心理学者、ジェフリー・マーティンの実験を紹介しよう。

マーティンは、18歳から40歳までの男性を集め、彼らの「社会的不安」の度合いを測定した。ちなみに、社会的不安とは「人の目が気になる」「人に話しかけるのが怖い」といった不安のことである。

そしてこれとは別に、彼らの服装についても調査したところ、**「服装がだらしないほど社会的不安が強く、服装がしっかりしているほど社会的不安が少ない」**ということがわかったのである。

だから、もしもあなたが「ファッションなんかどうでもいい。男は中身で勝負だ」などと思っているとしたら、即刻考えを改めるべきである。

ファッションにも気を遣い、いつもしっかりした恰好をしているからこそ、堂々とした自分がつくられる。つまり、中身は外見によってつくられるのだ。

ちなみに拡張自我の考えからいうと、大富豪がお城のように巨大な家に住んだり、あるいは一時期話題になった「ヒルズ族」などの理由もわかってくる。

大きな家に住んでいれば、大きな気持ちになる。

超高層マンションの最上階に住んでいれば、自分の気持ちも最上階にまで上り詰める。

そして反対に、刑務所で狭苦しい独房に閉じこめられれば、拡張していた自我も縮小してしまう。

そのため、捕虜となった兵士は、まず服を脱がされる。というのも軍人たちの自我は、軍服を着ることによって「強い軍人」として拡張されている。そして軍服を脱がされてしまうと、拡張していた自我がボロボロに破壊され、大人しくなってしまうのである。

このように、われわれの自我は常に拡張や縮小をくり返しているのである。

ファッションに気を遣うのは、女の子にモテるためだけではない。自分自身を大きく育てるため、ファッションに気を遣うのだ。あなたも試しにちょっと高級な腕時計のひとつでも買ってみるといいだろう。

その腕時計をつけているときは堂々と振る舞えるし、営業先でもなんとなく気後れせずに済むはずである。

昔から男のファッションのポイントは靴と時計にあるというが、たしかにいずれも毎日身につけられるもの（洗濯しないもの）であるし、いい靴やいい時計を毎日使っていると自信に満ちあふれてくるはずである。

外見で緒戦を制し、性格で落とせ！

人間にとって「外見」と「性格」のどちらが大切なのかというのは、永遠のテーマかもしれない。

性格がよければモテるわけではないし、どんなに外見が整っていても中身がおバカだったらあまりモテそうにない。

そこでちょうど「外見」か「性格」かについて調査したデータがあるので紹介しよう。

オレゴン州にあるポートランド州立大学の心理学者、マーガレット・ブラウンは大学生の男女を集め、次のような実験をおこなった。

実験は簡単なもので、男女それぞれに異性の写真付きのプロフィールを何枚か手渡す。

それで「1回だけセックスするならどの人がいいか？」と「長くお付き合いするならどの人がいいか？」を質問するのだ。

その結果、男女とも**「1回だけセックスする相手」は外見重視で選び、「長く付き合う相手」は性格重視で選ぶことが明らかになった。**

ちなみに好かれる性格とは、「ウソをつかない」「義理堅い」「誠実である」「正直である」「約束を守る」などである。

この「短期的関係なら外見」「長期的関係なら性格」というのは、恋愛にかぎらずなかなか応用範囲の広いデータである。

たとえば、短期的関係であるショップの販売員などは、外見の整った人のほうが有利だということになる。一時期話題になった「カリスマ店員」などはここに該当するのかもしれない。

一方、保険やマイホームなど長期的な関係を結ぶ販売員であれば、むしろ性格のほうが重視される。確かに考えてみると、これらの販売員たちは「誠実さ」や「愚直さ」を前面に押し出している人が多い気がする。

そしてもちろん、最強なのは外見も整っていて性格もいい人である。

なお、もっともズル賢い戦略としては、こうなる。

営業先であれ合コンであれ、初対面の場にはとことん外見にこだわり抜いて出かける。とっておきの「勝負服」を着て、靴もキレイに磨き上げ、髪型もバッチリ整える。初回は外見をアピールできればそれで十分だ。

そして2回目や3回目からは、服装よりも性格のアピールに力を注ぐ。**自分の誠実さや正直さ、義理堅くてウソをつかないところ、そして優しさなどを積極的にアピールしていくのだ。**

これができれば、ほとんどの人はあなたにメロメロになってしまうだろう。

商談するならオープンテラスでビジネスランチ

この数年、日本にもオープンテラスのレストランや喫茶店が増えてきている。若い女性などに人気のこれらのお店だが、本来オープンテラスのお店をもっとも活用すべきはビジネスマンだ。

アメリカではビジネスランチの習慣が根づいているが、特にビジネスランチの極意を説いたE・M・ピンセルの『パワーランチ』という本から、ビジネスランチのメリットやポイントについて紹介していこう。

①オープンテラスのお店を選べ

天井のあるお店に比べ、オープンテラスのお店では気分も開放的になり、相手の主張を受け入れやすくなる。

さらに筆者から付け加えておくと、屋外は視覚、聴覚、嗅覚と、あらゆる刺激に満ちている。これは説得にとって大きな促進要因となる。なぜなら、五感への刺激が多ければ多いほど、われわれの注意力は拡散されてしまうからだ（ディストラクション効果）。そこをついて説得すれば、成功の可能性は格段に向上するのである。

②1時間は必ず同席できる

普通に相手のオフィスで商談した場合、下手をすると5分や10分で追い返される可能性がある。しかし、ビジネスランチでは1時間程度のあいだ、必ず同席することができる。時間的な余裕があれば、それだけ相手を口説き落とすチャンスも広がるわけだ。

③断りにくい

ただ「今度お会いしましょう」と言うと、いろいろ理由をつけて断ってくる可能性がある。しかし「一緒にランチをしましょう」と言うと、相手は断りづらい。ランチは毎日食べるものだし「忙しい」が通用しないのである。

④支払いで恩を売ることができる

たとえ1000円以下のランチでも、支払いをこっちが受け持つことで小さな恩を売ることができる。なお、E・M・ピンセルによると恩を売りたいときにはカードではなく、現金で支払ったほうが効果が高いという。

⑤注文する品によって自分の人物像をアピールできる

われわれは注文する品、食べる料理によって、暗に自分の人物像を伝えることができる。たとえば昼から大きなステーキを注文したら、かなり力強く男性的なイメージを与えられる。なお、男性ビジネスマンにとってもっともよくないのは「サラダのみ」を注文することだそうだ。

このところ「草食系男子」という言葉が囁かれているが、ビジネスランチでは徹底して肉食系で攻めるべきなのだ。

なお、ビジネスランチで商談をするのは大いに結構だが、ディナーの場で商談をするのはあまり賢明な策とは言えない。

ディナーとなると、どうしてもお酒が絡んでくるため、お互い冷静な判断が下しにくい。そして、どんなビジネス上の約束を取りつけても「酒の席でのこと」として片づけられることが多いのだ。

さらにランチに比べてディナーは割高なので、若手のビジネスマンにとってはなかなかハードルの高い手段になってしまう。

まずはビジネスランチを制することを考えよう。

オープンテラスのおいしいお店をいくつも調べ上げ、頭の中に叩き込んでおくといいだろう。

大きな音で相手に恐怖心を与えろ

もし、あなたの家にホラー映画のＤＶＤがあるとしたら、時間のあるときにちょっとだけでいいので、音量をオフにして鑑賞してほしい。

おそらく、まったくと言っていいほど怖さを感じないはずだ。

これは遊園地のアトラクションでも同じで、ジェットコースターも手で耳を塞いだり、耳栓をして乗るとかなり恐ろしさが軽減される。もちろんお化け屋敷も同様である。われわれは視覚よりもむしろ、聴覚によって恐怖をあおられているのだ。

たとえば、生後しばらくのあいだ、赤ちゃんは基本的に無反応である。

その赤ちゃんがほとんど唯一ビックリした反応（驚愕反応）を示すのが、音なのだ。特に大きな音をドンッと立てると、強い驚愕反応を示す。

あなたにしても、背後で突然大きな音が鳴ったらビクッと身をすくめ、思わず大きな声を上げるだろう。これは別にあなたが恐がりだというわけではなく、人間誰しも備わっている本能である。

つまり、音とは人間にとって恐怖の源泉なのだ。

この音が持つ効果を、最大限に活用した人物として有名なのが、戦前のアメリカで活躍した伝説的な弁護士であるクラレンス・ダロウだ。

彼の尋問スタイルは、自らのサスペンダーをベシベシ弾きながら尋問したり、テーブルを叩きながら尋問するなど、とにかく不快な音と巧みな弁舌をセットにして相手を追いつめていくことだった。

これは、われわれのビジネスシーンでも大いに活用可能なものである。思いつくものから列挙していこう。

- **商談が始まる前に、分厚い資料をドンッと机の上に置く。**
- **契約書を差し出してサインを求める瞬間、机をドンッと叩く。**
- **相手の言い分に不満があるとき、机をコツコツ叩きながら話を聞く。**
- **大事な話をする前、大声で叱り飛ばす前に机をドンッと叩く。**
- **大きな声（音）で咳払いする。**
- **ドアを閉めるとき、大きな音を立てる。**

その他、いろんな場面で、いろんな音が使えるはずだ。いずれも相手に恐怖心を与え、場の空気を支配する効果が期待できる。

また、音には他人を驚かせて恐怖心をあおる効果がある一方、音を出す本人にとっては気分を高揚させる効果もある。

たとえば部屋の掃除を始めるときに「よし、始めよう」と言ってパンッと手を叩く。あるいは、仕事を終えて立ち上がるときに「よし、終わり！」と机を叩く。

その他、革靴や女性のヒールでカツカツと音を立てながら歩くと、何となく気分が盛り上がってくるものだし、これは軍隊の行進でも使われている。

音を使った心理誘導は、人間の本能レベルに直接訴える原始的な反応なので、どんな相手にも間違いなく効果を発揮する。

やりすぎると疎まれる可能性もあるが、ここぞという場面ではうまく活用していきたいテクニックだ。

時間のプレッシャーを与えて思考停止にさせろ！

振り込め詐欺の存在がマスコミで報じられるようになったとき、不謹慎ではあるが筆者は素直に感心したものである。

当然、振り込め詐欺は犯罪行為であり、社会的に許されるものではないのだが、その巧妙な手口が、心理学的に見てあまりに理にかなっていたのである。

振り込め詐欺の一般的な手口は、こうだ。

まず、高齢者や主婦などを狙い「オレだよ、オレオレ！」と子や夫を装って、早口で次のような話をする。

「交通事故を起こして示談金が必要になった！」

「痴漢に間違われたんだ。相手は示談金を払わないと警察に行くと言っている！」

そして「いますぐこの口座にお金を振り込んでくれ！」と懇願する。

しかも巧妙なことに、彼らが電話をかけるのは銀行が閉まる直前の12時～14時あたりに集中しており、「15時までに振り込まないと、消費者金融に行くしかなくなる」などと騒ぎ立てて、落ち着いて考える時間を与えない。

また、最近の振り込め詐欺では、警官役、弁護士役などの人物に電話を替わり、救急車のサイレン音を鳴らすなどして、より臨場感を高めているという。

一応、心理学的な説明をおこなっておこう。

まず、パニック状態の声で「オレだよ、オレオレ！」と電話すること。これは心理学でいう「ムード感染効果」である。**われわれは焦ってパニックになっている人と接すると、その空気が感染し、こちらまでパニック状態になってしまうのである。**そのため、電話を受けたお年寄りや主婦たちは、頭が真っ白になって、自分の子や夫の声も聞き分けられなくなってしまう。

そして「15時までに振り込まないと、消費者金融に行くしかなくなる」と**時間的プレッシャーを与えること。**

これも相手の思考停止を誘い、判断を誤らせる常套手段である。

イスラエルのテルアビブ大学の心理学者、ダン・ザッカイは時間的プレッシャーについて次のような実験をおこなっている。

実験は5種類の調理用オーブンを用意して、ABCの3グループに分けた被験者たちに「いちばん優れたオーブン」を選んでもらう、というものだ。

しかしこのとき、グループAには「制限時間15秒」、Bには「制限時間30秒」、Cには「制限時間なし」という条件をそれぞれ設定した。そして実験の結果は、次のようなものだった。

- グループA　制限時間15秒（時間プレッシャー強）　正答率5％
- グループB　制限時間30秒（時間プレッシャー中）　正答率10％
- グループC　制限時間なし（時間プレッシャーなし）　正答率80％

ここからわかるのは、**人は時間的プレッシャーを与えられると、まともな判断ができなくなってしまう、ということである。**

たとえば、宝くじでも「いよいよ明日まで！」などとあおられると、なんとなく買ったほうがいいような気がしてしまう。

そのため、営業でも交渉でも、相手に時間的プレッシャーを与えていくといいだろう。

「すみません、返事だけで結構ですから、すぐほしいんですよ。社に戻ったら詳しい書面をお送りしますので、ひとまず返事だけで結構ですから、ぜひ！」

こんなめちゃくちゃな論法でも、時間的プレッシャーがあるため、相手は混乱して承諾してしまうものなのである。

また、女の子に対してはこんな使い方もあるだろう。

「俺のこと好き？　3秒以内に答えて！　3、2、1、ハイッ！」

これもひとつの時間的プレッシャーである。正攻法ではなかなか落ちてくれない相手だったら、一度試してみる価値はあるかもしれない。

うつ気味のときには買い物をしろ！

現在、働く世代を中心にうつ病患者の数が急増している。

厚生労働省が3年ごとに実施している「患者調査」によると、国内のうつ病・躁うつ病患者数は、99年から05年までのあいだに倍以上の伸びを示しており、おそらく今後さらに増えていくと考えられている。

また、長らく2万～2・5万人で推移していた年間自殺者数も、1998年を境に急増して3万人を超え、以後ずっと3万人以上のペースを保っている。

みなさんにしても、うつ病とまではいかなくとも、憂うつでなにもやる気が起きないことはないだろうか？


女性の中にはストレス解消の手段としてショッピングを挙げる人は多いが、うつ気味のときは服を買ったほうがいい、という研究も出ている。

ニューヨーク大学の心理学者、マイケル・ソロモンは「持ち物」と心理の関係について、過去に発表された膨大な数の論文を調査していった。

すると、人の心と身につけているものの関係は非常に深いことが改めて確認されたのだが、彼はこのなかで面白いセラピーについて紹介している。

あるセラピストは、うつ病の患者さんに対して、

「次回からはまったく新しい服を買ってから着てきてください」

とお願いしているのだそうだ。もちろん、これは治療の一環で、実際にうつ症状が改善される効果が上がっているのだという。


先にも説明したように、**われわれ人間は「拡張自我」といって「自分の持ち物までが自分」と考える傾向がある。**

だとすれば、**「新しい服を買う」という行為は「新しい自分を手に入れる」**ことへとつながっていくものだ。

それをくり返すことによって、少しずつ症状が改善されていくというのは、大いに理解できる話である。

また、拡張自我の対象となるのは、家や洋服、車などにかぎられているわけではない。たとえば、普段使っているプラスチックのボールペンを、1本何万円もするような万年筆に替えてみる。

これだけでも拡張自我を大きくする効果があるし、特に万年筆だと仕事中、常に触れたり目に入ったりするので、仕事へのモチベーションも上がるだろう。

自分をいかにして元気づけるか、持ち物レベルから考えてみよう。

スーツとシャツのボタンを外せ！

生命保険のセールスレディたちが、お客さんの家の玄関に入ったとき、まず最初にやるのが「上着を脱ぐ」ということである。

この理由は簡単で、上着を脱ぐことによってお客さんに対して「わたしは心を開いてますよ」というサインを送っているのだ。

われわれは他人と向かい合うとき、どうしても警戒心を抱いてしまう。そしてこの**警戒心を解くいちばんのきっかけは、相手が心を開いていると確認することなのである。**

そのため、ビジネスマンが営業先でスーツのボタンをすべて閉めているのは、心理学的にいうと正しくない。

もちろん本人としては「相手に失礼にならないように」というつもりでボタンを閉めているのだろう。ただ、ボタンを閉めたままだと、いつまでたっても相手の警戒心は消えないのである。

ビジネスマナーを考慮した上で考えると、部屋に入るときにはボタンを閉めた状態で、話し始めたら自然なしぐさでボタンを開けるという流れが望ましい。

また、もう少し気心の知れた相手であれば、スーツのジャケットを脱いで、シャツの袖をまくり、ネクタイを緩めるくらいまでやっていいだろう。

その点、南国の人たちは暑さのためもあってボタンを上まで閉めるようなことはしない。むしろ沖縄では「かりゆしウェア」という開襟シャツがオフィシャルな場でも推奨されている。

一般に「南国の人は開放的」「北国の人は無口で我慢強い」といったイメージがあるが、それはまさに彼らの服装からくる影響も大きいのである。

これは洋服に限った話ではなく、われわれの身体的しぐさには、たくさんの「閉じる」「開ける」のサインがある。

▽**閉じるサイン……警戒、緊張、拒絶、不同意など**

・腕組み
・握り拳
・手の平を隠す
・足を組む、足を閉じて座る
・口を閉じる
・目をつむる

▽**開くサイン……開放、リラックス、許容、同意など**

・腕を広げる
・手を広げる

・手の平を見せる
・足を開いて座る
・口を開く
・目を見開く

見てもらうとわかるように、日本語の「手の内を明かす」とか「手の内を隠す」という表現は、心理学的にも正しい。

また、セールスなどを断りたいときには体のあらゆるところを閉じていけばいい。腕を組み、握り拳をつくって、口を固く結び、何度も目をつむる。椅子に座っているのであれば、足を組む。これだけの悪条件が揃っていれば、セールスマンもほどなく退散するだろう。どう考えても見込みがないのである。

データをひとつ紹介しよう。

ワイオミング大学の心理学者、H・マッギンリーは学生たちに「マリファナを合法化すべきか」というテーマで話し合いをしてもらった。

このとき、サクラの女性が腕を開いて手を開くなど開放的な姿勢をとる場合と、腕組みするなど閉じた姿勢で話した場合、話し合い終了後この女性に対する好意度は、開放的な姿勢をとったときのほうが高かった。

つまり、開放的な姿勢をとっていると、話の内容に関係なく好印象を持ってもらえるのである。

なお、これらのしぐさは相手に同意や不同意のサインを送っているだけでなく、自分自身の心理面にも影響を及ぼしていることも見逃してはならない。

すぐにできる実験なので、ぜひ試してほしい。

まず最初に、テーブルの上に握り拳を置いて人と話す。

次に、手の平を天井に向けた状態で膝やテーブルの上に置いて人と話す。

この両者では、リラックス度がまったく違うはずである。

そのため、たとえテーブルで隠れるからといって膝の上に握り拳を置いたり、足を組んだりしていると、自分の心が閉じていってしまう。相手から見えていようといまいと、心を開きたければ手も足も開くべきなのである。

このように、あなたはちょっとしたしぐさによって自分の気づかないうちに相手に誤ったサインを送ったり、自分を緊張するように仕向けているかもしれないのだ。

今後、人と対面するときには、顔だけでなく「手の表情」と「足の表情」にも気を配るようにしよう。

おわりに

本書では「ズルい人」というテーマで話を進めてきた。

それで、あなたの周りにいる「ズルい人」とはどんな人だろうか？

きっと一般的には、「小ズルい」とか「抜け目がない」とか「要領がいい」といった、小悪党的な人物のことを「ズルい」と呼んでいるのではないだろうか？　少なくとも、褒め言葉として使われることはないだろう。

しかし、本来ズルさとはもっと褒められるべき能力である。**筆者から言わせれば、ズルさも発揮せず正面突破ばかり図っている人たちは「愚者」なのであり、ズルさという戦略性を発揮してチェスの達人のように駒を進めていく人は、立派な「賢者」なのである。**

本書でも再三にわたって引用させていただいたマキャベリとその主著である『君主論』は、19世紀に至るまでとてつもない批判にさらされていた。

批判の理由は明らかである。

あまりに非道徳的な合理主義に根ざしているということで、教会を中心とする勢力から「悪徳の書」と断罪されたいたのだ。

本書の中で紹介した心理テクニックのいくつかも、ひょっとしたら「非道徳的」だと眉をひそめられるかもしれない。

だが、本文でも述べたとおりマキャベリの出発点は「弱さ」である。

周辺諸国に対抗するため、「弱いイタリア」をいかにして強国にしていくか、そのために採られた「戦略的悪徳」がマキャベリズムであり『君主論』なのだ。

力が弱ければ、知性で勝負するしかない。

正面突破する力がなければ、綿密な戦略を練るしかない。

自らの弱さ、手持ちの駒の少なさ、残された時間の少なさに気づいたとき、人は初めて「戦略」を考えるようになる。

サブプライムローン問題に端を発する100年に1度の金融不況。その嵐は、遠く海を離れた日本でも猛威を振るっている。読者の中にも、経済新聞や専門書などを通じて知識を深めている方も多いことだろう。

しかし、筆者は聞きたい。仮にあなたが、金融不況の本質や新自由主義の欠陥を完壁に理解したとして、あなたの現実はどう変わるのだろうか？　あなたの今日や明日の仕事が、少しでも好転していくのだろうか？

……残念ながら、なにも変わらないのである。**だとすれば、格差が拡大する一方のいまこそ、マキャベリ的知性や、ズルさという名の戦略的悪徳が必要なのではなかろうか。**

本書では、かなり悪辣《あくらつ》な心理テクニックから小ズルい心理テクニックまで、なるべくバリエーション豊かに構成したつもりである。

すべてを実践していただく必要はないし、面白そうだと思ったテクニックをいくつか試していただければ、確かな効果があらわれることをお約束しよう。

なお、19世紀以後マキャベリと『君主論』は名声を復活させ、今日に至るまで世界中の経営者やリーダーのあいだで読み継がれている。

もちろん『君主論』は君主はいかにあるべきかを説いた本であるが、読み物としても非常に面白い一冊なので、未読の読者にはぜひご一読を勧めたい。
最後に『君主論』からこの一文を引用して筆を置くことにする。

「人は慎重であるよりは、むしろ果断に進むほうがよい。なぜなら、運命は女神だから、彼女を征服しようとすれば、打ちのめし、突き飛ばす必要がある」

（『新訳君主論』／マキアヴェリ・池田廉訳／中央公論新社）

Lott.,D.F., & Sommer, R. 1967 Seating arrangements and status. Journal of Personality and Social Psychology ,7, 90-95.
Mackinnon.,D.W. 1965 Personality and the realization of creative potential. American Psychologist ,20, 273-281.
Martin.,J.J., Pamela, A. K., Kulinna, H., & Fahlman, M. 2006 Social physique anxiety and muscularity and appearance cognitions in college men. Sex Roles ,55, 151-158.
McAndrew.,F.T., Bell, E. K., & Garcia, C. M. 2007 Who do we tell and whom do we tell on? Gossip as a strategy for status enhancement. Journal of Applied Social Psychology ,37, 1562-1577.
McGinley.,H., Lefevre, R., & McGinley, P. 1975 The influence of a communicator' s body position on opinion change in others. Journal of Personality and Social Psychology ,31, 686-690.
Meloy.,M.G., Russo, J. E., & Miller, E. G. 2006 Monetary incentives and mood. Journal of Marketing Research ,43, 267-275.
Miller.,R.L., Bickman, P., & Bolen, D. 1975 Attribution versus persuasion as a means for modifying behaviors. Journal of Personality and Social Psychology ,31, 430-441.
モッテルリーニ,M.（泉典子訳） 2009 世界は感情で動く 紀伊国屋書店
Nawrat.,R., & Dolinski, D. 2007 "Seesaw of emotions" and Compliance: Beyond the fear-then-relief rule. Journal of Social Psychology ,147, 556-571.
North.,A.C., & Sheridan, L. 2004 The effect of pedestrian clothing in 18,000 road-crossing episodes. Journal of Applied Social Psychology ,34, 1878-1882.
Pandelaere.,M., & Dewitte, S. 2006 Is this a question? Not for long. The statement bias. Journal of Experimental Social Psychology ,42, 525-531.
ピンセル,E.M.,&ダイアンハート,L.（塩田丸男・井上篤夫訳） 1985 パワーランチ TBSブリタニカ
Roese.,N.J., & Olson, J. M. 1994 Attitude importance as a function of repeated attitude expression. Journal of Experimental Social Psychology ,30, 39-51.
Schippers.,M.C., & Van Lange, P. A. M. 2006 The psychological benefits of superstitious rituals in top sport: A study among top sportspersons. Journal of Applied Social Psychology ,36, 2532-2553.
Seiter.,J.S., & Weger, H. Jr. 2005 Audience perceptions of candidates' appropriateness as a function of nonverbal behaviors displayed during televised political debates. Journal of Social Psychology ,145, 225-235.
Shepperd.,J.A., Grace, J., Cole, L. J., & Klein, C. 2005 Anxiety and outcome predictions. Personality and Social Psychology Bulletin ,31, 267-275.
Smesters.,D., & Mandel, N. 2006 Positive and negative media image effects on the self. Journal of Consumer Research ,32, 576-582.
Solomon.,M.R. 1986 Dress for effect. Psychology Today ,April, 20-28.
Stafford.,L., & Merolla, A. J. 2007 Idealization, reunions, and stability in long-distance dating relationships. Journal of Social Personal Relationships ,24, 37-54.
Van Knippenberg, B.F.D., & van Knippenberg, D. 2008 Affective match in leadership: Leader emotional displays, follower positive affect, and follower performance. Journal of Applied Social Psychology ,38, 868-902.
Vonk.,R. 1993 The negativity effect in trait ratings and in open-ended descriptions of persons. Personality and Social Psychology Bulletin ,19, 269-278.
Vonk.,R. 1998 The slime effect: Suspicion and dislike of likeable behavior toward superiors. Journal of Personality and Social Psychology ,74, 849-864.
White.,L.K., & Booth, A. 1991 Divorce over the life course. Journal of Family Issues ,12, 5-21.
ホワイトゥン,A.,&バーン,R.（友永雅己他監訳） 2004 マキャベリ的知性と心の理論の進化論II ナカニシヤ出版
Zadro.,L., Boland, C., & Richardson, R. 2006 How long does it last? The persistence of the effects of ostracism in the socially anxious. Journal of Experimental Social Psychology ,42, 692-697.
Zakay.,D., & Wooler, S. 1984 Time pressure, training and decision effectiveness. Ergonomics ,27, 273-284.

参考文献

相川充　2001　反常識の対人心理学　生活人新書
Amabile.,T.M., Conti, R., Coon, H., Lazenby, J., & Herron, M. 1996 Assessing the work environment for creativity. Academy of Management Journal ,39, 1154-1184.
Athenstaedt.,U., Haas, E., & Schwab, S. 2004 Gender role self-concept and gender-typed communication behavior in mixed-sex and same-sex dyads. Sex Roles ,50, 37-52.
Aziz.,A., May, K., & Crotts, J. C. 2002 Relations of Machiavellian behavior with sales performance of stockbrokers. Psychological Reports ,90, 451-460.
Becker.,T.E., & Martin, S. L. 1995 Trying to look bad at work: Methods and motives for managing poor impressions in organizations. Academy of Management Journal ,38, 174-199.
Bui.,N.H. 2007 Effect of evaluation threat on procrastination behavior. Journal of Social Psychology ,147, 197-209.
Braun.,M.F., & Bryan, A. 2007 Female waist-to-hip and male waist-to-shoulder ratios as determinants of romantic partner desirability. Journal of Social Personal Relationships ,23, 805-819.
Carre.,J., Muir, C., Belanger, J., & Putnam, S. K. 2006 Pre-competition hormonal and psychological levels of elite hockey players: Relationship to the "home advantage" . Physiology and Behavior ,89, 392-398.
Carter.,J. & John Coleman 2009 How to argue like Jesus. Crossway.
Chambliss.,C.A., & Feeny, N. 1992 Effects of sex of subject, sex of interrupter, and topic of conversation on the perceptions of interruptions. Perceptual and Motor Skills ,75, 1235-1241.
Clore.,G.L., Wiggins, N. H., & Itkin, S. 1975 Judging attraction from nonverbal behavior: The gain phenomenon. Journal of Consulting & Clinical Psychology ,43, 491-497.
Cremer.,D.D., & Hiel, A. V. 2006 Effects of another person' s fair treatment on ones' own emotions and behaviors: The moderating role of how much the other cares for you. Organizational Behavior and Human Decision Processes ,100, 231-249.
Darke.,P.R., Chaiken, S., Bohner, G., Einwiller, S., Erb, H. P., & Hazlewood, J. D. 1998 Accuracy motivation, consensus information, and the law of large numbers: Effects on attitude judgment in the absence of argumentation. Personality and Social Psychology Bulletin ,4, 1205-1215.
Erceau.,D., & Gueguen, N. 2007 Tactile contact and evaluation of the toucher. Journal of Social Psychology ,147, 441-444.
Frick.,R.W. 1992 Interestingness. British Journal of Psychology ,83, 113-128.
Gilstrap.,L.L., Laub, C., Mueller-Johnson, K. U., & Zierten, E. A. 2008 The effects of adult suggestion and child consistency on young children' s response. Journal of Applied Social Psychology ,38, 1905-1920.
Green.,J.D., Campbell, W. K., & Davis, J. L. 2007 Ghost from the past: An examination of romantic relationships and self-discrepancy. Journal of Social Psychology ,147, 243-264.
Grossman.,R.P., & Till, B. D. 1998 The persistence of classically conditioned brand attitudes. Journal of Advertising ,27, 23-31.
Jackson.,D., Engstrom, E., & Sommer, E. T. 2007 Think leader, think male and female: Sex vs seating arrangement as leadership cues. Sex Roles ,57, 713-723.
Jones.,D.A., & Skarlicki, D. P. 2005 The effects of overhearing peers discuss an authority' s fairness reputation on reactions to subsequent treatment. Journal of Applied Psychology ,90, 363-372.
Kleinke.,C.L., Staneski, R. A., & Weaver, P. 1972 Evaluation of a person who uses another' s name in ingratiating and noningratiating situations. Journal of Experimental Social Psychology ,8, 457-466.
Lewis.,M.A., & Neighbors, C. 2005 Self-determination and the use of self-presentation strategies. Journal of Social Psychology ,145, 469-489.
Li.,S., Sun, Y., & Wang, Y. 2007 50% off or buy one get one free? Frame preference as a function of consumable nature in dairy products. Journal of Social Psychology ,147, 413-421.

内藤誼人（ないとう・よしひと）
心理学者。慶應義塾大学社会学研究科博士課程修了。有限会社アンギルド代表取締役社長。豊富な心理学の知識やデータを駆使し、ビジネスにおける心理戦術や恋愛の成功法則などを説き、多数の著書を執筆している。著書に『「人たらし」のブラック心理術』（大和書房）、『人の心は９割読める』（あさ出版）、『しょぼい自分を「大物」に見せる技術』『おバカな自分を「おりこう」に見せる技術』（ともに宝島社）などがある。

デザイン／Mario Eyes
DTP／Mario Eyes
本文イラスト／モテギベン
編集協力／古賀史健（office koga）

ズルい奴ほど成功する！
2009年7月29日　第1刷発行

著　者／内藤誼人
発行人／蓮見清一
発行所／株式会社　宝島社
〒102-8388 東京都千代田区一番町25番地
電話：営業03-3234-4621
　　　編集03-3239-0069
　　　http://tkj.jp
郵便振替　00170-1-170829　(株)宝島社

印刷・製本／株式会社光邦

ISBN978-4-7966-7042-5